他乡忆语

续集

荆奇 著

成功出版

旧金山·2017

他乡忆语 荆奇 著

ISBN 13：978-0-9971569-1-1

书名：他乡忆语

作者：荆奇

出版人：张忠卿

装帧设计：刘雁

开本：6"×9"

定价：US$ 15.99

出版：成功出版

美国·旧金山·2017

目 录

目 录

关于《他乡忆语》及其续集

　　我的第一本书《他乡忆语》已于2016年8月9日由美国南方出版公司正式出版发行了，发行范围为除中港台以外所有国家和地区，出版和订购信息网页链接请参阅http://txyy.dixiewpub-lishing.com/

　　实体书可以在美国最大的零售连锁书店 Barnes & Noble 购买，也可以在世界范围的亚马逊(Amazon)购买，定价为每册US$14.95（美国免邮寄费）。

　　《他乡忆语》PDF电子书也同时发行，US$5，无邮寄费，面向全世界。

　　我的本行是计算机工程师，虽然从小喜欢看小说，尤其喜欢读自传和回忆录之类。不揣冒昧地自以为还略有文采，但从来也还没有自不量力到斗胆敢于痴心妄想写书出书。虽然我多年患有严重的糖尿病和肾衰竭，但是近一年多以来持续几个月的剧烈腹泻伴随腹痛，吃进什么拉什么，消化能力几乎消失，每天以稀饭度日，体重骤减了近40磅，虽说是"有钱难买老来瘦"，可是一下子竟跌到"严重营养不良"的地步，血清白蛋白和血红素都下降到危险点，全身浮肿，大伤元气，多次住院检查化验，就是查不出原因。

加州去年开始流行一种消化系统新型墨西哥病毒传染病，还有不少死亡病例，我虽经过多次住院化验，并无病毒感染，有人说肝，有人说肾，就是无法确诊。后来偶然服用一种含胰蛋白酶的药物竟然神奇般的略有好转，于是又针对胰腺功能进一步检查，根据各种检查和化验结果以及分析，大夫最终才确认根本问题在胰腺，一是胰腺功能严重受损，二可能是胰腺炎，但从检查结果分析，具有典型的胰腺癌症状。

胰腺癌号称是"癌症之王"，因为胰腺癌是所有癌症之中最难于诊断的一种，通常诊断出来都已经是晚期了（最多存活3个月到半年）。一般癌症最有效的诊断治疗方法就是进行"活检"和尽早手术切除，以防止扩散，但是胰腺被众多内脏紧紧包围着，穿刺和切除往往会立刻导致癌细胞转移和扩散到其他内脏，反而大大增加了癌症死亡率。前苹果公司总裁斯蒂夫-乔布斯就是患的胰腺癌去世的。（幸运的是他患的还是胰腺癌中最轻型的胰腺尾癌，而且他可以得到全世界最好的医疗照顾）我辈哪会有如此幸运？自从父母双亡，大哥和汉民大哥相继去世以后，我也是百病缠身，因此我也早有思想准备，即使是"论资排辈"，也该轮到我了。我不想死，但我也不怕死。此刻，我身患多年的糖尿病，肾衰竭已经都无足轻重了，医生也曾暗示，此生还有什么未了之事，尽早了结，以防不测。我突然有了一种时不我待，迫在眉睫，只争朝夕的紧迫感。其中之一就是整理出版一本在中国和美国各三十多年亲身经历的人和事的回忆记录。

我从五年来在硅谷最著名的华语门户网站贝壳村（www.backchina.com由于众所周知的原因，可惜在中国大陆看不到）里发表的日志中，选出有关的博客，加以修改增删，再加上一些从未发表过的文字，总计47篇，汇成一集。在美国南方出版公司的帮助下，才有了《他乡忆语》这本书的出版发行。

值得庆幸的是，最近一次内窥镜和超声波检查，未发现明显的胰腺肿瘤增生，待观察。但是腹痛还是周而复始，刚好个两三天，偶尔一次吃多了/吃少了，吃硬了/吃软了，吃凉了/吃热了，吃快了/吃慢了，吃油了/吃辣了，就又腹痛难忍，腹泻不止，对人类营养必不可少的成分蛋白质和脂肪几乎完全不能消化吸收。大夫多次会诊，最终怀疑我患的是一种人类实属罕见的EPI（胰腺外分泌衰竭症），这种病过去只在德国牧羊犬和德裔犹太人中发现过，目前的医学研究对EPI的病因和治疗完全空白。只能依靠自身储备的机体能量维持生命。

其实，出书也是一件永远遗憾的事情。本书虽然经过我和家人以及编辑们百余次的审阅校对，但是在交出清样以后，还是发现一些字句和文法上的错误，以及一些内容的遗漏，但是已经谬种流传，无可挽回了。另外，还有几篇回忆父母的文字，因为需要再搜集补充一些内容，核对一些史料，来不及赶上原书出版了，实在遗憾。再有，由于篇幅所限，还有几篇被从原书中不得不撤下。原书的图片原来大部分为彩色，但是考虑到彩印成本太高，出版社只同意采用黑白印刷，也是一大憾事（黑白印刷的照片比彩印效果差得太多了，最明显的例子就是：原书第59-61页"回京第一餐"中的几幅食品照片，以及第47页那张被称为具有《大宅门》电影剧照效果的婚纱照。）家人和亲友都建议我，起码是补上对父母和其他重要家庭成员的回忆，以及彩色照片。

我从未想把回忆父母家人部分专门成书。众亲友和弟妹们，特别是我妹妹和舅舅看过此书后，都鼓励我以《他乡忆语（续集）》的形式，把对父母和其他重要家庭成员的回忆整理出一本纪念先辈们的书，这部分文字，虽然早已草就，只是过多涉及父母和我家人的隐私，我也不愿意发表，好在这些初稿还在，再有父亲去世时原来老同事老朋友们以及我母亲写的回忆纪念文章，加上我妹妹和舅舅提供的大量文字和图片，经过整理成册，决定以《他乡忆语（续集）》的形式在国内自费出版印刷，但不会公开发行，仅作为家族史资料限于赠送家人和众亲友留念之用。

的确，所有这些先辈们都已做古了，我们也已过了古稀之年，如果连我们都把他们忘却了，你还能指望有谁会永远记住他们。不管我们的子孙愿不愿意了解这段历史，我们有责任也有义务把这些回忆用文字和图片留给后人。也只有这样我们才算作了一件对得起先贤，不遗憾于后辈的有益事情，因为现在也只有我们对许多往事还有些许亲历的记忆，虽然已经很模糊了。这比我个人生活经历的回忆，要有意义得多了。

原《他乡忆语（续集）》成书后，许多朋友劝我，不应该为了保护家庭隐私而把其他几篇好文章都埋没了。后来才决定把我自费出版的原《他乡忆语（续集）》加以改编，把几篇涉及家族历史的文字，用新创作的几篇文字加上三篇小说类作品取代重新编辑这本用来公开发行的《他乡忆语（续集）》。 我觉得由于增加了几篇小说，以及六四（缺少了文革和六四的回忆，对于我们这一代人来说，就是不完整的记忆）和一些史料，续集一定会比原书具有更能吸引读者的可读性，社会性和完整性。

又及

本书中对两篇关于"六四"的文章，予以保留，由于题材敏感，编审人员和出版社是要承担无可预料的风险的。但是，缺少了"文革"和"六四"，无论对国家，还是对我们这一代人，都是不完整的。这两篇文字，只是作者亲历，和13亿中国人以及70亿世界人民有目共睹的历史事实，不管某些人喜欢还是不喜欢，历史是不可掩盖，不能篡改的。也许对历史事件的具体描述上，可能因人而异，迥然不同，只要是历史事实，我们同时也尊重任何版本。

只有母亲的伟大才是世代永恒的

由于我的工作性质，出国以前，每年大概三分之二的时间是出差在外，出国以后，则跑遍了全世界。但是每年的这一天——春节，无论我是瓢泊在地球的哪一端，我都要千方百计设法回到北京，去和母亲团聚。它永远是我一年中最渴望的日子。

二零零三年二月一日，对地球人来说，是再平凡不过的一天了。但对中国人来说，这一天是特殊的一天，因为它是2003年中国春节，十几亿中国人，背井离乡，艰辛劳做360天，最期盼的就是这一天，能和家人共团圆。对大多数美国人来说，这一年的这一天也是特殊的一天，因为这一天上午，我和家人与成千上万的美国人以及世界数十亿的人们都围坐在电视机旁，兴奋地观看史无前例的美国哥伦比亚号航天飞机重返地球的电视现场直播，正当人们欢呼跳跃着全神贯注地紧盯着重返大气层的航天飞机，进入地球轨道时，突然一场震惊世界的意外灾难发生了，哥伦比亚号表面的一块隔热片突然脱落，航天飞机顿时变成了一团大火球，瞬间灰飞湮灭，兴高采烈的人们目睹了一场意外的大空难，七名宇航员无一生还。电视中反复播放着7名宇航员10天以前，微笑着挥手向亲人告别的画面，他们应该会很清楚宇宙飞行的风险，也许这就是永别了。但是他们毫不畏惧，义无反顾地踏入飞行舱，其中还有两名美国女教师。没想到意外还是发生了，举国美国人民都沉浸在悲痛之中。对于我来说，这一年的这一天更是难忘的一天。

以往，无论我在地球的哪个角落，春节都要回北京和母亲一起度过，一起吃年夜饭，一边瞥两眼兴趣寥寥的春晚，一边兴致勃勃地陪母亲打麻将。　看着母亲一年年苍老疲惫的身影，甚至兴奋愉快的眼神，都越来越不忍，虽然无需她亲自动手，但每一道菜，她都要过目，品尝，给每一个儿孙的礼物，她都要亲自挑选，确认。加上几十口子的吃喝拉撒，十几个孙辈的兴奋打闹，欢笑跳叫，对一个八十多岁，疾病缠身的老人，操心兴奋过度，也是一个沉重的负担。这一年，我们一家决定避开春节，预订了正月初六（二月六号）回国的机票。中国的年三十，在电话里得知，正值我舅舅一家来京看望母亲，照例吃过年夜饭正在打麻将，我们在电话里轮流祝母亲和奶奶春节愉快，身体健康，过几天就回京看望老人家。母亲依旧声音洪亮，底气十足，也就放心了。

哪知第二天（二月一号）早晨，突然接到北京电话，母亲突发心脏病，二月一日凌晨（北京时间）医生发出病危通知，告诉我弟弟，因为病患大面积心肌梗塞，医院只能再尽力维持病人生命12小时，能通知到的家属，立刻赶来还能见上最后一面。弟弟告诉我，母亲临终前，曾偶尔短暂地恢复一些意识，自知在劫难逃，叮嘱我弟弟，说你二哥刚做完手术，又距离遥远，先不要告诉他。母亲自己一只脚已经踏入鬼门关，还在惦记我的身体。

母亲对于我来说，具有特殊的意义。由于国家和家庭的变故，母亲虽然生了我们八个兄弟姐妹，只有我是她亲手喂养大的唯一的一个孩子。我大哥生于1941年，二哥生于1943年，当时正处在抗日战争最艰苦的岁月，我父亲工作繁忙，经常彻夜开会，或者一去部队基层就是几个月。我母亲又要日夜在电台值班，根本没有任何可能自己带孩子，于是两个哥哥先后都寄养在陕北和山西当地老乡家里了。妈妈曾告诉过我大哥，在撤离延安前夕，她曾和同事贾伯伯夫妇一起去探望并和我大哥告别，见到我大哥瘦成一把骨头，4岁的孩子了，还站不直，走不稳，连妈妈也不会叫，每天就是在地上爬来爬去，从场院土喀喇堆里，扒拉出20几粒黑豆，老乡家会把黑豆磨成粉，这就是大哥一天的口粮。老乡们自己也是吃了上顿没下顿。临别前，妈妈禁不住泪如雨下，连贾伯伯夫妇也实在看不下去了，后来就悄悄把我大哥给抱回来了，跟我妈说，他们夫妻五十多岁了，也没孩子，由他们夫妻俩替我妈抚养大哥，其实，他们夫妻俩也要在电台昼夜值班。（直到全国解放以后，贾伯伯夫妻执意一定要把我大哥送还给我父母，他们自己又领养了一个女孩儿陪伴，此是后话，以后我大哥也是几乎每年假期都要到济南去探望贾伯伯一家，贾伯伯是从1931年起就一直和我父亲在一起出生入死的老战友，一直活到99岁）1946年我出生以后，我妈妈下决心，两个大儿子都不得不送给别人了，这次说什么也要自己带，死也要死在一起，刚好赶上好时机，抗战已经胜利了，当时和国民党打一场胜仗，就可以缴获许多物资，特别是美国援助蒋军的奶粉，就成包地分配给待哺乳的孩子们，因此我妈常对我说，我大哥是吃陕北黑豆长大的，我二哥是吃山西黑麦长大的，只有我是吃美国奶粉长大的（冥冥之中，是否注定我是一定要到美国来"回报"的。）。虽然母亲从来没有说过，或是表现出对我的的偏爱，但是我心里很明白，她是最喜欢我的，尽管我在几个兄弟中，小时侯挨打挨得最多。主要是因为其他几个兄弟基本都属于乖宝宝型的，从不惹麻烦，而唯独我是那种专爱调皮捣蛋，无事生非，唯恐天下不乱的主儿。

我对母亲最早的记忆是5岁那年，妈妈自从1936年离家，十五年后带着我第一次回老家，记得是在阜阳下火车，天已经全黑了，我们乘坐一辆牛车，在山间小路上慢慢颠簸，我清楚地记得，我躺在牛车上，仰望天空，只见月亮比平时大了许多，我一遍一遍不停地问妈妈："为什么月亮老是跟着我们一起走？为什么我们翻过山，月亮也翻过山，我们刚过一条河，月亮也过了河？"妈妈看怎么也跟我讲不清，就回答："什么时候月亮不跟着我们这走了，我们就到了。"这个问题一直困扰着我一路，胡思乱想好一阵，听着吱呀吱呀的牛车声，不一会儿就睡着了。

文革十年间，在铁道部通信处门口，无论是刮风下雪，还是烈日当头，常年累月可以看到一个满头白发，弯腰弓背的老太太在扫大街，她就是我的母亲，她被造反派戴上反革命特嫌的帽子，逼迫她承认是国民党派到延安革命队伍中的内奸，是用电台通敌的特务分子。我妈妈坚持说在延安社会部的所有反谍报工作，都有领导安排和组织鉴定，是有据可查的。她也告诫我们：如果有一天造反派说我畏罪自杀了，不要相信，那我一定是被害死的。哪怕再饥寒交迫，严刑拷打，我也一定要活到平反昭雪的那一天，为自己，为家人，也为孩子们留下一个清白。1967年春节，我和弟弟妹妹去"牛棚"探望母亲，偷偷带去了5个煮好的饺子，最后还是被看守发现，扔出窗外。

最是伤心辞别日。1964年，我考上了哈尔滨军工学院，17岁的我将第一次长时间离开北京，离开家，离开父母，独自面对新的生活。由于之前拒绝参加高考的风波，我和中学学校以及家里关系搞得很僵，这次离家我几乎没有通知任何人。我不想让任何人去车站送我，我也无法承受歧路共沾巾的场面，正好，学校通知，8月23日所有北京的哈军工新生，早8点在军工驻京联络处（即陈赓院长以前在北京的旧宅）集合，一起到北京站乘火车去哈尔滨。具体车次和开车时间我也没有告诉家人。由于上的是军队学校，属于现役军人，学校通知，只带上一身衣服和路上的少量零用钱，其他什么都不用带。23日一早，我就提上一个手提包，独自出门，在联络处，五系系主任戴其鄂和一系政委沙克将军主持迎新仪式，致辞后，每人发了一套军装和生活用品。在火车站等车时，我正在浏览军工接待站的宣传布告。忽然，见到一个白发苍苍的老人也在看，仔细一瞧原来是我妈妈。她终于还是一定要来车站亲自送我了。我想她也一定看见我了，只是装作没见到。我当时热泪夺眶而出，真想扑上去抱着妈妈大哭一场，只是周围的人，都是在欢欢喜喜地送子女上大学去，我也不好过分失态，因此也就没有做声。

再一次，就是1981年，我父亲刚去世不久，我要到美国做访问学者一年。全家人到机场为我送行，母亲并没有什么临别叮嘱，只是远远盯着我看。一切尽在不言中。当时，我大哥还在越南打仗，二哥在郑州老家，我大弟弟在南斯拉夫，二弟弟在西藏正和印度打仗，接到父亲病危的电报，整整花了两个星期，才翻山越岭从中印边界赶回来，差一点连父亲最后一面也没见到，小弟弟当时还在深圳。我又要远赴美国，六个儿子都远走他乡了。年届六十的母亲该是一种什么心情。

最后一次是1991年，当我要离开故乡和亲人，被连根拔起，远走大洋彼岸，以四十多岁高龄，要去孤身闯世界（单位要求必须把档案拿走，住房交回，人事除名）是母亲的一句话坚定了我的信心，"窝在我身边干什么，天高任鸟飞，你能飞多远就飞多远，不要顾虑我。"我要先出去闯一番，扎下根，然后再把老婆孩子接过去。这回不孝之子，真是要远赴天边了。"再见吧，妈妈！别难过，莫悲伤，祝福我们一路平安吧。"

后来，母亲以七、八十岁高龄，两次到美国来，每次都是兴致勃勃，探望儿孙，美东美西游个遍，我也总算尽了一点儿做儿女的孝心。

无论对于一个家庭，家族，还是对于一个民族，国家，其他任何"伟大"都是一时一事的，不管你是四个伟大，还是八个伟大，只有母亲的伟大才是世世代代永恒的。

　　只是对于我来说，没有了母亲的家，已经不成其为家，没有了母亲的春节，也再不成其为春节了。

1989年10月 北京 抗大13期学员聚会

后排右数第五个就是我的母亲，摄于1989年

从文革中的一段轶事说起

　　说起红军长征的无线电通信，就不得不提到那桩红军史上最大的谜团公案——张国焘的"草原密电"。由于无任何证据，当时就广受质疑，随着当事人已全部离世，现在，除了专门研究军史的人，还有个别当年红四方面军的指战员家属之外，也已经很少有人持续关注此案了，现在中国人中大概也很少有人知道曾有过这么一段谜团公案。（在此不作叙述，如果有谁对这段谜团公案有兴趣，详细可参阅夏宇立的文章《"张国焘长征密电"问题的来龙去脉》：http://view.news. qq.com/a/20140313/005889.htm

　　我父亲就是这段历史的见证人之一。他原来担任红一方面军一军团二师师部电台台长。

　　1936年6月18日，红一、四方面军在四川懋功地区胜利会师，22日中央军委三局局长王铮在这里召开了一四方面军无线电通信机务、报务员联席会议。会议内容是"庆祝、联欢、慰劳、检阅、转变、整理"。由于当时红四方面军缺少电台和报务机务人员，连军一级电台都配不齐。军委对两个方面军的电务人员、电台器材进行调整，统一了十八个无线电分队的序号。我父亲就由一方面军调到四方面军总指挥部无线电台，任报务主任。从此遭遇了人生重大转折，走上万劫不覆的深渊。父亲常说：红一、二方面军绝大部分的战士，只一次爬雪山过草地，行程二万五千里。而他跟随四方面军长征，却三次爬雪山过草地，行程三万里，此后，他和四方面军的西路军又一起，辗转数千里的河西走廊，大戈壁滩和风雪祁连山，前后就凭两只脚，由东向西横跨整个中国，边战边行军，从江西一直走到新疆乌鲁木齐。

红四方面军西路军从1936年10月西渡黄河的三个军21800人，在河西走廊几乎全军覆没。七千多人阵亡，九千多人被俘，其中五千六百多人被残杀活埋，历尽艰险，逃出险境，辗转回到家乡者二千多人，经营救回到延安者四千多人，流落西北各地者二千多人。至1937年4月西路军余部到达星星峡进入新疆的仅有432人。我父亲就是这四百多个幸存者之一。

西路军的失败，历史上一直被毛泽东定性为执行了张国焘错误路线的结果，西路军的指战员也几十年来一直承受着这一历史冤案。直到20世纪末，在原西路军总指挥徐向前元帅，原西路军后期总指挥李先念，以及邓小平，胡耀邦等人的力主之下，对当时西路军和中央军委的全部电报联系重新进行全面审核，最终认定西路军从西渡黄河建军开始的所有行动，都是严格遵照中央军委和毛的指示进行的，特别是关键时刻一系列有意无意的错误指示，西路军领导虽然对不合实际的错误指示提出过不同意见，但最终为顾全大局还都是完全执行的，致使西路军丧失了摆脱全军覆灭命运的最后机会。

我哥哥曾经有幸参与过中央军委通信兵史的研究编写工作。我哥哥去世后，我在整理他的遗稿时，发现一段记载：1966年文革初期，在一次有关军队支左的会议上，毛泽东在会前讲话中，又提到这封电报，并赞扬叶剑英"诸葛一生唯谨慎，吕端大事不糊涂"。接着又问道："王铮同志来了没有，他是红军时期中央军委机要通信最高负责人，他应该能够证实这件事。"作为当时军委通信兵部主任兼电子工业部部长的王铮站起来说：

"从延安时期批判张国焘起，中央对这一问题经过多次调查，我一贯表示，我以一个老共产党员的身份保证，我从来没有见过这封电报，按照军委机要通信保密规则，所有中央军委机要通信在收发之后都必须严格记录存档，机要电报必须由专门机要通信员亲手交到收报人手中，并有收报人签收记录存档，否则以军法处置。我和中央委派的其他负责人都为此事领导过对军委机要通信的多次档案查阅，没有发现任何有关这封电报的相关档案或记录。我亲自询问过当时红四方面军三局局长宋侃夫和王子刚同志，以及红四方面军左路军总部当时专门负责与中央军委机要通信的电台报务主任，原红五军团电台台长荆振昌同志，他们也说从来没有见过这封电报，也查不到任何相关档案和记录。因此无论从发报到收报，都没有任何证据能证明这封电报的存在。"

王铮同志的直言，使当时会场气氛非常尴尬，沉默了好一阵子，才有人把话题岔开。试想，如果皇上当着忠臣的面，掐着你的脖子，逼着你指鹿为马时，你还要坚持实事求是地说它明明就是一只"鹿"，那需要怎样的铮铮铁骨和无畏精神。（王铮生于1909年，黄埔军校第六期，曾任北伐军二军四师电台台长兼报务主任。1930年12月30日，21岁的王铮与十余名无线电报务和机务人员参加了红军。从半部电台闹革命开始，从此才开创了红军无线电通信的历史。）

此后，江青对电子部造反派散布说：王铮这个人很坏，一贯反对毛主席，还死不悔改。从此王铮受到残酷迫害和打击，甚至由造反派策划了一个绑架王铮和制造畏罪自杀假象的阴谋，有一个知情者，受良心驱使，向王铮透漏了这个消息，要王铮先暂时出去避一阵。1966年底，我正避开武斗风，赋闲在家。一天晚上，已经12点多了，我忽然听到有轻轻的急促敲门声，打开家门一看，一个又高又瘦的老大爷站在门口，我差点没认出来，正是王铮伯伯，以前王伯伯每次来都是毫无例外地穿着军装，不是有家人陪同就是带着警卫员，今天却孤身一人，身着便服，而且是深夜造访，我猜想一定是发生了什麽意外情况，赶紧把他让进客厅，把父母亲叫起来。他们关门谈了一阵。父亲出来悄悄跟我说，王铮伯伯现在有性命危险，要离开北京出去躲避一阵子，亲友家，老同事老朋友家是绝对不能呆，最后商定去沈阳刘叔叔那儿最妥当。刘叔叔原来和我们家住一个四合院多年，后来调任沈阳铁路局局长，他太太张阿姨就是沈阳郊区苏家屯人，苏家屯远离大城市，容易隐蔽，距离又不算太远，比较好照顾。刘叔叔人极可靠，跟我父亲关系非常好，是为朋友可以两肋插刀的那种人，最重要的是他和王铮素不相识，没有人会怀疑王铮会在他那里，即使被陌生人看到，也不会想到会是王铮。为防不测，决定今晚就走，但是任何亲朋好友都不能随行，王伯伯作为一个老将军，年迈体弱，为安全起见，父亲问我能不能护送王伯伯去沈阳一趟，一来我对几方面人都熟悉，目标也小，还有个红卫兵的挡箭牌，最主要是受过部队的训练，办事还算稳妥。我说那没问题，我正好到哈尔滨回学校去。我马上抓了几件随身衣物，提上一个手提包，穿上一身旧军装，扎上一条军皮带，带上那个充作"万能通行证"的红卫兵袖标，一幅标准的战天斗地造反派打扮，就跟王伯伯一起直奔北京火车站，买了两张站台票就混上了去沈阳的最近的一班火车。车开了，我补好两张票，就坐在离王伯伯稍远一点的地方，仔细观察周围的动静，一路上除了给王伯伯送些食物饮料，基本不说什么话，免得引起别人注意。人家把身家性命都交给我了，我可不能出一点儿差错。到了沈阳，天已经大亮了，来到刘叔叔家，刘叔叔说我父亲和他通过电话，一切都已经安排好了，稍事休息，张阿姨立刻带上我们乘车到她老家苏家屯，就说是刘叔叔的一个表哥，来此地求当地一个名医。一切都安顿好之后，我就回到哈尔滨去。

一个月以后，王伯伯又回沈阳住了一段时间。待北京的武斗风已经平息，各单位都实行了军管，秩序也渐渐恢复正常了以后，才返回北京，总算躲过这一死劫。这件事，当相关人员还都在世的时候，我也从来没有向任何人透露过。

1971年9月，我从陕西回京探亲，并筹备1972年春节结婚。

当时正赶上震惊世界的"913事件"，已经官复原职的王伯伯听说以后，对我父亲说：文革这么多年来，为了不给别人添麻烦，老同事、老战友们连面都很少见，更没有机会聚一下了。不就是你家那个上哈军工的小二吗，我知道，他的婚宴就由我包办了，还等什么明年春节，就今年十月了，老朋友们借此聚一聚。如今几乎半个世纪过去了，具体细节已经记不清了，只记得是包了前门烤鸭店一个大厅，来宾除了我们两家亲友，其他全都是我父亲在西路军、在延安军委通信总台以及总参、通信兵、邮电部的老同事、老战友，还有十几位我妈妈在延安军委通校13期的同学，有的几十年都未见面了，好在大部分我也都认识，比如邓国军叔叔，我妈妈生我时，他是在产房外指挥喊"加油"的啦啦队长，王子芬阿姨也是从我出生起，就看着我长大的，还经常给我喂奶呢。我们只是为大家相聚搭了个台，自己甚至连一件新衣服都没来得及准备，我就穿的一身旧军装，我太太挑了半天，最后穿的还是高中时期的一件绛红色宽条灯芯绒外衣，才算增加了一点儿喜气。当然结婚照就更不可能有了。最遗憾的还是，那时节谁家能有照相机呀，可惜连一张历史照片也没有留下来。

后来，听邓国军叔叔说过，我父亲有一大绝技，就是对所有下属的报务员非常熟悉，只要听"滴滴答答"的发报声音，就能分辨出是谁在发报。西路军九军在梨园口遭劫，几乎全军覆灭，当时前指接到9军2师一封电报，要求30军前去增援解围，有人怀疑电报可能有假，原因一个是，要求30军前去支援，理应通过9军军部发出求援电报，二是，电报称"徐，陈"，显然不对，给前指的电报中，从来都是称"陈，徐"，陈是指西路军军政委员会主席陈昌浩，徐是总指挥徐向前，军部要求我父亲想办法再确认一下。我父亲回电9军2师，说来电有字句遗漏，要求重发一遍，我父亲接收电报时，一听就发觉不对，9军2师发报员自称代号203，我父亲向军部汇报说："代号203的是9军2师的报务员李冬生，李冬生就是我教出来的电报员，他是河北乐亭人，讲话满口乐亭腔，连打电码都有一股子乐亭味儿，我一下就能听出来，发报的根本就不是李冬生。看来必有诈。"从而避免了一次险恶的上当受骗。事后查明，李冬生的确在突围时已经牺牲了。邓国军叔叔还给我们讲述过：电影"永不消失的电波"中的李侠就是当时被派往上海的报务员李白。他为了及时发出一份国民党上海防务部署的急电，在敌人已经破门而入，枪抵脑门之际，坚持发完急电，最后还从容不迫地加上一句："同志们永别了，我想念你们"。随后发报声嘎然而止，我父亲和邓叔叔以及守候在收报机旁的人们知道，按规定，李白引爆了发报机，与敌人同归于尽。邓叔叔夫妻就是接替李白，迅速赶赴上海的。邓叔叔伪装成一个生意人，邓阿姨还说，刚到上海，还没接手工作，先过三关：学会穿高跟鞋，学会打麻将，学会夫妻吵架（他们也从来没吵过架，在旧上海，不会打麻将的就称不上阔太太，不吵架的还能叫夫妻了？因此家里备了一堆瓷盘瓷碗，供摔打用）。这是在白区工作必须的掩护。

所有这些先辈们都已做古了，我们也已过了古稀之年，如果连我们都把他们忘却了，你还能指望有谁会永远记住他们。不管我们的子孙愿不愿意了解这段历史，我们有责任也有义务把这些回忆用文字和图片留给后人。

1944年，父亲（前排左一）和原军委三局的同事们在延安枣园机关的合照，后排左起第三位是三局局长王铮。

西子姑娘和她的爱哥哥

(本文纯属虚构，切勿联想)

1

刘叔叔和张阿姨刚从杭州搬来和我们家作邻居时，我才七八岁。初见他们一家人，刘叔叔原是东北人，高大威武，足有一米八以上，张阿姨是土生土长的杭州人，又瘦又小，大概也就是个一米五，但是眉眼特别精致，皮肤雪白到了惨白，烫着大花卷发，漂亮极了，大有五十年代中国影坛第一美女——王丹凤的风采。她后面跟着一个小姑娘，小小年纪也烫着一头短发，一张瘦得像脚后跟一样的小脸，配上小鼻子小嘴，完全是缩小几号的妈妈翻版。唯独一双大眼睛，几乎占据了一半脸。她祛生生地拽着她妈的后衣襟，一幅小受气包儿的模样，任人怜爱，她就是西湖姑娘，她妈妈叫她西子，我们也就这么跟着叫。西子比我小3岁，别无兄弟姐妹，她妈妈把她打扮得跟洋娃娃似的，在整个胡同里都很扎眼。我在家排行老二，还有一堆弟弟，西子也就跟着他们，称我二哥哥，我则叫她西子妹，不高兴时就直呼西子。但是她的南方口音，很难发准北京人带儿化韵的"二"字，更别提北京腔还带卷舌的发音了，听起来，就跟史湘云似的，总是叫成"爱哥哥"，纠正了几次无果，也就随她去了。我们院儿里，除了比我大4岁的我哥哥，就数我年龄最大，哥哥也不惜得和我们玩，我自然就成了院里这帮娃娃的头儿。

西子可能因为先天不足，也可能不适应北方气候，一年四季总是病病快快的，（多年以后才知道所谓"病如西子胜三分"的妙处）。我们北方孩子，男孩儿长的都是膀大腰圆，个个壮得像牛犊子，女孩儿则粗眉大眼，个个胖得像麻雷子似的，突然来了这么个细皮嫩肉，细眉细眼的瘦小南方姑娘，真是惊艳四海。我向大家宣布，今后大家要像哄洋娃娃似的护着西子，谁要是敢欺负我西子妹，可别怪我不客气。

西子从小一直跟着她妈学弹琵琶和舞剑。有时间也跟我们一起玩儿。女孩子们玩儿的无非就是跳皮筋儿，跳房子，夹包，欻（Chua3）拐之类，这些玩艺儿我玩儿得比好多女生都强，因此常被拉去比赛。再有就是"过家家"。大一点的女孩儿都知道，"过家家"，特别是玩儿娶媳妇儿，一定要有一个男生，我就常被拉去做新郎，只要西子在，她一定会被分派做新娘，由两个女生两手交叉拉在一起当花轿，新娘头上盖一快花手帕，坐上花轿，呜哩哇啦一阵吹吹打打，在院子里走一圈，盖头一掀，就算娶进门了，接着就是拜天地，入洞房，众人齐呼：一拜天地，二拜鬼神，三星高照，子孙满门，跟真的似的，只是都记不清结了多少次婚了。

有一天，我正领着一帮小兄弟用弹弓打麻雀，西子披头散发，哭着跑来，原来，隔院的孙大头抓着西子妹的卷头发，非要西子叫他孙大爷，西子就是不叫，孙大头就把她的蝴蝶结给抢走了。这孙大头是我们这儿出了名的混世魔王，仗着大我两岁，高我半头，满身横肉，总找我们院来寻衅闹事。我自知打不过他，但绝不能在西子面前跌了份。于是大喊一声，"弟兄们，抄家伙，跟我来。"我也提了一把大木刀壮胆，一行人浩浩荡荡来到隔院，只见孙大头正把西子的蝴蝶结，顶在秃头上，唱苏三起解。我抡起木刀，用刀片在孙大头屁股上狠狠一拍，大声喝道，"你个狗日的孙大头，就会欺负人家小姑娘。快把西子妹的蝴蝶结还给人家，不然的话，看老子怎么收拾你，明年的今天，就是你的周年忌日。"这孙大头起先吓了一跳，这辈子还没有谁敢这么糟蹋他，慢慢回过神来，嘻皮笑脸道："哟，我当是谁呢，原来都妹子妹子的啦。"他指着西子说，"你有本事今天当着我们大家的面儿，叫她一声媳妇儿，我就认栽了，你想怎么处置我都由你。"双方人马都瞪着我看，我瞥了一眼西子，她也瞪大了眼睛，也在盯着我，眼中满是惊骇和疑惑，一股大义凛然突然涌向心头，我脑袋一横，大声道，"叫就叫。"说完，大步走到西子面前，学着武侠小说中的好汉，双手抱拳，左腿跪地，说道："娘子，受我一拜。"周围一片叫好声。我回头走到孙大头面前说，"怎么样，说话算话，给我跪到西子面前叫声奶奶，我就放你一马。"这孙大头耍起赖来，"不行不行，你叫的不是媳妇儿，不算数。"我厉声说，"好汉有叫媳妇儿的吗？都称娘子，只有你这种下三滥，才一口一个媳妇儿呢。"我把木刀挥了两下，问他，"你去还是不去？"这家伙耍起泼皮牛二的无赖劲儿，把头伸过来，脖子一横，说，"来，来，有本事往这儿砍，我要是缩一下头，就是这个。"说着，右手五指立起来向下伸直，戳在左手掌上，还上下颠两下，这在北京小混混圈子里，表示乌龟王八。我气冲冲地说："你要是说话不算数，可别怪我不客气，你到底叫不叫？"随后大喝一声："看刀！"，说着，抡圆了木刀，向他的秃头砍去，孙大头赶紧双手抱头，还没等他说完"饶命，我去我去。"我手起刀落，但是还真怕把他脑袋开了瓢，在快砍到他脑袋上之前，又把刀片横转过来，只听得"咔嚓"一声，他的铁头竟然把我的木刀给碰断了，不过这一刀可不轻，孙大头像杀猪一样，一边哭嚎，一边在地上打滚儿，周围又是叫好声一片。

这时，西子妹走过来拉着我说："算啦，算啦，我才不当他的奶奶呢，也不稀罕这个龟孙子。"

从此，院里院外，都称西子是我媳妇儿，连见面问候都改成"你媳妇儿呢？"起初还假意推托两句，心里还是美滋滋的，时间一长，也就默认了。

郎骑竹马来，绕床弄青梅。

2

西子的妈妈原本还打算再生个男孩儿。后来一次流产，竟然失去了生育能力。西子又那么胆怯柔弱，家里连个玩伴儿也没有。她又胆小怕生，只要出来玩儿，就一个劲儿地跟在我后面。

我们住的冰窖胡同，后墙外就是文化宫后海。这年冬天，西子有生以来第一次见到雪，兴高采烈地跟我们一起堆雪人、打雪仗。看见我们在湖里滑冰，非要嚷着让我教她滑冰。她妈也说，西子就交给你了。寒假期间，我几乎天天带着她去学滑冰。

西子姑娘还真是有股子聪明劲儿，上了一回初学班，才一个冬天，已经滑得比我都好了，特别是跟着"溜冰圆舞曲"前后倒脚时，两臂平伸，左右摇荡，体态轻盈，如天女散花，弱柳迎风，前后飘逸，如西湖荡舟，美不胜收。

有一次，西子把腿重重地给摔了一下，站都站起不来。是我把她给背回家的。她紧贴着我的后背，隔着棉衣，我都能感觉到她柔软的身体。这辈子还是第一次和一个女生有了肉体接触，虽然隔着那么多衣服，心里还是咕咚咕咚直跳。别看西子那么瘦，背在背上，才知道女孩子的身体还是肉肉的。她的卷发长长地垂下来，一下一下搔得我后脖梗子阵阵发麻。自此才真感觉到，有个媳妇儿还是挺可爱的。回到家里，张阿姨千恩万谢的，非要给我熬红枣莲子粥喝，一边说着："西子要是真有你这么个哥哥就好了。"

张阿姨送我回家，在我妈面前一个劲地夸我，说："你们家一堆男孩儿，就把小二给我吧。"我妈应道，"还不够我烦的呢。你要喜欢，就拿去吧。"自此，张阿姨再也不让我喊她阿姨，就叫张妈妈。滑不了冰了，她妈妈上班去，就叫我天天过去和西子作伴儿，听她弹琵琶，给她端茶倒水，她要上厕所，也非要让我把她抱过去，起先还假意推托一番，西子双眉倒竖，粉拳轻握。娇声道："我都是你媳妇儿了，还不敢抱抱我？

哪儿学的那么多封建？"我也乐得碰触西子的身体，也不在乎碰到她身体什么部位，只要是女孩儿的肉体，碰到哪儿都是令人心旷神怡，浮想连翩的，但始终都是刻意扶持，连非分之想都从来没有过，只是觉得一定得好好保护我媳妇儿。

如花美眷，似水流年。

3

锦绣时光，常常是稍纵即逝，蹉跎岁月却总是度日如年。

没几年，西子的爸爸调到沈阳铁路局工作，西子和张妈妈暂时还住在北京，后来我们也搬家到西城去，很少有见面机会了。那时候还年少无知，不懂得少男少女的友情是多么珍贵，随着时间和空间的隔绝，竟然越来越淡薄。除了偶尔梦见媳妇儿时，还能隐约感觉到压在背上的柔嫩，空留一片惆怅。

这年夏天，我顺利考上了理想的高中，张妈妈要带着西子一起去大连铁路疗养院探亲度假。我长这么大，还没见过大海，反正铁路职工和家属都有免票，我就吵着也要跟了去。在张妈妈的撺掇下，我妈总算同意了。

张妈妈是可以享受软卧待遇的，我和西子只有搭硬座，好在一晚上就到。刚上车，相熟的列车长就安排我们睡在列车长办公室。可是虽说是列车长办公室，也只容得下一张很窄的小床和一个办公桌。于是，张妈就非让西子和我到软卧去，她在列车长办公室睡一夜。

其实，十五六岁的少年早就开始一直在用自己的眼光探索性的秘密。女孩子们一般相对会早熟一些。因为她们过早地就感受到女性性器官的变化，月经初潮，乳房隆起，男孩子们的性器官一目了然，而女孩子的性器官，虽然一直是男孩子们探求，神往的圣殿，但是谁也没有可能见到过真面目。只是一种想象和憧憬，并无任何实际经验。当然，我们男孩子有时也会谈论有关性的问题，但总是不得要领，例如看过些闲书的孩子们都知道，一个男生和一个女生睡在一张床上，就会怀小孩儿，大孩子就故作先知，煞有介事地教训我们这帮小屁孩儿，说在一个床上睡觉时，男人身上的什么东西，会从男生身上顺着床爬到女生身体里面，就怀孕了，但是稍一探究，就禁不住任何推敲，例如我们小学中学都是那种两人同座的大课桌，而且从来要求同座必须是一男一女，可是为什么不见有什么东西爬过去？还时不时地议论某个女生跟谁谁好了，两个人都干"那个"了，另外某个女生来"那个"了，因为她可以免上体育课。虽然尽人皆知，但是至于"那个"究竟是什么，谁也说不清。

软卧的床其实也很窄，但睡两个小孩儿还是绰绰有余的。15岁的我这辈子除了和弟弟们挤在一起过，还从来没跟一个女孩子睡在一张床上过。心里总有点儿翻江倒海的感觉。隔着一层薄薄的被单，听着西子游丝一般的呼吸声，辗转难眠。随着火车单调的哐当哐当声，心才刚静下一点，准备昏昏入睡，又被对面飘来一阵阵刺鼻的浓香搅得浑身发痒，也弄不清是洗头水还是雪花膏的味道，总之是被一种从未领略过的女人味搅得浑身燥热，心猿意马。可还是一动也不敢动。

那时还不懂男女之事，只是看过一些闲书，略知媳妇儿是可以抱着睡觉的，忽然想起在哪本野史上读过的安禄山称赞杨贵妃的诗句："软温赛过鸡头肉，滑腻还如塞上酥"，知道那是赞颂女性乳房的。想那胡儿一定是捏过贵妃的奶子，不然怎么会知道"软温"且"滑腻"？胡思乱想好一阵子，终于斗胆摸了一下西子的脖子，感觉如此的精柔细润。但是忽地又想到，西子既是我的媳妇儿，也是我的女神，我怎么能干这么龌龊的勾当。赶紧调转身来，生怕被别人看穿。不觉天之即明。

大连的夏天总是阳光明媚，趁着蓝天碧海，美不胜收。初见大海，竟然乐得忘乎所以，不知天高地厚，自以为会游泳，哪怕它风高浪大，更想在西子面前逞强。第一次见到面前的泳装西子，仅仅被一块薄布，把身躯裹得紧紧的，又被海水打湿一些，更有一点儿透明的感觉，却也是点水不露，但尽显凹凸有致，青春迸发，生平第一次近距离看到女生曼妙的身材，赶紧避开眼睛，她已经不是我所熟悉的那个小丫头片子，已经长成一个亭亭玉立的少女。

我带着西子，蹚过沙滩向深海游去。趁着退潮的海水，越游越快，越游越远，时不时地停下来，等着西子跟上来。过了好一会儿，西子说游不动了，我一手拉着她，一边鼓励她勇往直前。也不知过了多少时辰，回头一看，已经看不见岸边了，西子说实在不行了，我心里也开始有点儿发毛。于是把随身携带的一个救生圈吹起来，套在西子身上。开始慢慢往回游。游着游着，我也感到有些体力不支。我哪里知道，我们往大海深处游时，是由退潮推助，游得又轻松又快捷。回程却是要顶着退潮的阻力，吃力很多。西子已经一点儿也游不动了，我只好在后面推着救生圈慢慢往前蹭。实在没劲儿了，就也抓着救生圈，边踩水（一个救生圈根本浮不起两个人），边稍事休息。

海浪越来越大，几番挣扎过后，我又被呛了几口水，苦涩的海水使我咳嗽不止，后来竟呕吐起来，天一下子就黑下来了，周围看不到一个人影。望着离岸边还有好远，西子看着我也筋疲力尽，竟然忍不住啜泣起来说：还有那么远的路，都怪我拖累了你，我们会不会死在大海里面？我安慰她说，有我在，别害怕，只要我还有一口气，咱们就可以游回去。一句话说完，竟然气力陡增。怎奈自己开始时，自不量力，体力消耗过大，休息的频率越来越高，行进的速度却越来越慢。

突然一股不详之感涌上心头：万一我们葬身大海，我可怎么向张妈妈交代呀，不禁有些害怕起来。还想象到：不知几天以后，沙滩上躺着一对被海潮冲到岸边的少男少女的尸体，死了还紧紧抱在一起。不也是挺可歌可泣的吗？毕竟也是可以生不同时死同穴，死也无憾了。

人的生命是如此的脆弱，但也非常顽强。

天大黑的时候，我们终于回到了岸边。我躺在沙滩上，已经筋疲力尽，一动也不能动，西子抱着我哭得天昏地暗，我连睁开眼睛的力气也没有，西子是不是以为我已经死了，只觉着哗哗的泪水，冲刷着我的脸。终于生还了，我却一点儿也高兴不起来，竟然对"错过了死同穴的机会"，深感遗憾。回来时，只跟张妈妈说我们玩儿的太晚了，忘记了时间。此事我一直也没敢跟张妈妈说起过。我想西子也不会告诉任何人，这是我们两个人永远的秘密。回到北京以后，我也自认为西子就是我的女朋友了。尽管我还根本不懂什么是"女朋友"，甚至连个"喜欢"的字眼儿，也从来没对她说过。

晓来谁染霜林醉，尽是离人泪。

4

那时节，还没有约会或请女朋友吃饭的理念，而且我们还是学生，既没有机会，也没有时间，更没有余钱。充其量也就是带着西子去北海划个船，到香山看日出。但是那种一日不见，如隔三秋的感觉，时刻纠缠着少男少女的心。

有一次去香山看红叶，没有走大道，而是攀着石头壁爬上去的。都快到山顶了，西子忽然脚下一滑，踩着的石头滑落了，她整个人一下子跌落到我的怀里，也不知是不是真的摔得不轻，她趁势一把抱住我的脖子哭起来。当我把她抱到一处树丛，她仍然大哭不止，膝盖被擦破一块皮，血水渗出来，还沾了好多泥土，也找不到水清洗，我担心会发炎的，就不顾一切用嘴给她舔干净，用手帕给她包扎好，西子止住哭，盯着我忽然把我拉过去，一把扯开了上衣，把我的脸埋在她的胸脯上，紧抱着不放。还不等我回过神来，温暖柔嫩的一对小鸽子，已经把我的脸紧紧压住，几乎喘不过气来。好像大梦初醒，我也放下矜持，在她的乳房上，不停地摩挲。但是，始终没有敢看一眼。那时候我已经更成熟了，知道和女朋友拥抱接吻不应该被看作是罪过，是少男少女的天性使然，是值得歌颂的情感。

不过也仅此而已，对男女之事浑然不晓，尚不清楚我还可以或者应该再进一步做些什么。

但愿人长久，千里共婵娟。

5

1964年，我考入哈尔滨军事工程学院，我离开家人和西子，独自一个人在遥远的另一个城市。当时军事院校严厉禁止学生谈恋爱，万一被发现，按规定是要被被开除学籍的。所有收发信件，都要经过严格检查，一个是保密规定，另一个是防止偷偷谈恋爱。我们连鱼燕传书都不可能。渐渐书信越来越少，相互的信里内容也越来越枯燥无味，后来听说可能因为东北太寒冷，西子竟因为长期反复感冒患了肺气肿。好几个月才有一封信，她推说是为了让我安心学习，我有时也会胡思乱想，我既然不能天天守护在他身边，她这么漂亮的女孩儿，是不是有了时时护卫在她身边的新的追求者？两年后，西子因为文革动乱失去了上大学的机会。1967年，刘叔叔文革中惨遭迫害致死，西子也患了肺衰竭，我妈妈要我路过沈阳时，代表她去看望西子和张阿姨。我到张阿姨家，才得知，西子正在住院，要做肺病灶切除手术。也许她觉得我们之间的距离越来越大，也许她认为自己的病体会成为一种拖累，西子要他妈妈一定阻止我去医院看她。后来我还给她写过几封信，她都没有回。几年后听说她恢复得还不错，出院后，一直在沈阳工作，再后来就几乎完全断了音信。我也一直再没有机会见到过她。

20年以后，我从美国给张妈妈打过一个电话，告诉她我要去沈阳出差，想去看望她和西子。本来满怀憧憬，可是谁知西子竟百般推脱，不让我去看她。张妈妈告诉我，西子直到37岁，在妈妈的催逼下结了婚，但是她一直过得很不幸福，才两年就离婚了，也没个孩子，身心受到很大打击和摧残，病体缠身，面色枯黄。我想，大概她是不愿意让我看到她的日渐憔悴。张妈妈也退休了，家里只有她们母女二人相依为命。

又过了几年，我从我妈妈那儿得知，西湖姑娘才四十一岁就抑郁而终。我后来再去看望张妈妈，她已是孤身一人。我劝她跟我去美国，我会照顾她一辈子，可是她说她离不开刘叔叔和西子，她一定要在这里陪伴他们。她带我去给刘叔叔和西子的墓碑上香，还说有些遗物要交给我。原来是西子姑娘写了二十多年的日记。西子去世前直到根本握不住笔了才停止。她托付张妈妈日后一定转交给我。日记的扉页上写着这样一段话：

> 当你看到这些文字的时候，我已经在另外一个世界，仍然等待着你。我一直相信，你是展翅的雄鹰，你的世界还很大，你一定会飞得更高，更远。我不应该也不愿意成为你的拖累，我愿一直守着，等你什么时候需要歇息一下，只要一声呼唤，我就会出现在你的身边，直到再次飞起。我又何尝不想见你一面，我只是想让你一想起我来，心中留下的还是那个曾经聪明美丽的"你媳妇"，那个永远等着你的小姑娘。

天长地久有尽时，此恨绵绵无绝期。

我的太太是陕西米脂人

——闲话米脂婆姨

我的太太是陕西米脂人。那位说了："那末你还真称得上是米脂女婿啦。"其实不然，可不是随便什么人娶了米脂婆姨就可以称"米脂女婿"了，"米脂女婿"是专指娶了米脂婆姨的国民党、共产党高级领导人中，军职以上的高官。据有人统计，新中国成立初期，中国各大军区，各省部级以上高官有四百三十多人本身就是米脂人，或是"米脂女婿"。近年还流传着"米脂已经无美女"的传闻，说是国民党掠走一批美女，共产党接着捞走一大批美女，改革开放后，港商台商又骗走一批美女，仅剩下的一些新生代米脂美女也纷纷投奔东南沿海和海外了。

说起陕北，人们的传统印象就是黄土高原，寸草不生，七沟八梁，穷乡僻壤。却不知自古就有陕北四大宝之说："米脂的婆姨，绥德的汉， 清涧的石板，瓦窑堡的炭。"在全中国1636个县中，以县作为美女产地标识的只有米脂独一份。

据《米脂县志》记载：三国时的天下美人貂蝉是米脂人。《绥德县志》记载："才貌双全的吕布是绥德人"。世人曰："人中吕布，马中赤兔"。吕布年轻俊美，勇冠三军，使一把方天画戟，有万夫不当之勇，虎牢关刘关张三英战吕布，吕布轻松迎战，面不改色，且不说刘备，只那关张二人哪一个不是好生了得，关羽千里单骑闯曹营，过五关，斩六将，如入无人之境，那张飞也是长坂坡横枪立马一声吼，吓死曹将夏侯杰，吓退曹操十万军，可是两人一起，还加上刘备，也敌不过吕布一人。

公元196年（建安元年），袁术派大将纪灵带领步骑共三万多人马征讨刘备，刘备向吕布求援。吕布在离小沛西南一里的地方扎下营寨，派卫士去请纪灵等将领，纪灵等人也请吕布一起饮酒。吕布对纪灵等人说："玄德，是我吕布的贤弟。如今他被诸位所围，我特意赶来救他。我吕布生性不爱看别人互相争斗，只喜欢替别人解除纷争。"吕布命门候在营门中竖起一支戟，说："诸位看我射戟上的小支，如一发射中，诸君当立即停止进攻，离开这里，谁不从命，可别怪我不客气。如射不中，那你们就留下与刘备决一死战，我也不帮助谁。"众将允诺。吕布策马弯弓，回头大吼一声"着！"向百丈之外的竖戟射出一箭，只听"嗒"的一声，正中小支。诸将大为震惊，夸赞说："将军您真是有天神般的威力呀！"第二天，吕布又与诸将聚会欢饮，然后各自回兵。吕布雄姿英发，勇冠三军，何等英雄气概。

貂蝉（177-？）是中国古代四大美女之一，也是其中唯一一位无史料记载仅存在于小说戏剧中的的美女，曾登场于历史小说《三国演义》，民间传说其为山西忻州人。中国人所说是哪里人，并无定论，有说一般按祖籍，有说应该按出生地，又有说应按生长地，（我的祖籍是河南，出生在山西，成长于北京，因此我从没认为我是河南人或者山西人，只认是北京人。）近年，有学者考证，貂蝉祖籍甘肃临洮县，后祖上迁徙至山西，出生于山西忻州，又因战乱流落陕北米脂县，在米脂长大，年少时曾婚配于吕布，时至今日，米脂境内还保留有"貂蝉洞"（米脂县石沟镇）和大量的关于她的传说。

貂蝉自幼人才出众，聪敏过人，后被选入汉宫，任管理宫中头饰、冠冕的女官，故称'貂蝉'(官名)。四大美人有闭月羞花之貌，沉鱼落雁之容，各有所长，其中闭月之说，即指的是貂蝉。传说貂蝉降生人世，三年间当地桃杏花即开即凋；貂蝉午夜拜月，月里嫦娥自愧弗如，匆匆隐入云中；貂蝉身姿俏美，细耳碧环，行时风摆杨柳，静时文雅有余，貂蝉之美，蔚为大观。

共产党中拔得"米脂女婿"头筹的，则非林彪莫属了。他娶的可不是一般米脂婆姨，而是当时被誉为"陕北一支花"的米脂第一美女张梅。林彪在平型关大捷后负伤，被送到苏联养伤，中央为林配备了工作人员及护理人员，其中有一名叫张梅的陕北姑娘，张梅原名刘新民，是陕北米脂人，米脂历来就是盛产天下美女的地方，张梅又是米脂婆姨中最出类拔萃的，其长相算是女人中的极品，与林彪经过半年的接触，便结为夫妻，成为林彪真正意义上的第一任妻子（后来叶群只是林彪再婚），还生下了一个女儿，林彪的父亲闻讯后，按林氏族谱为孙女取名林晓霖。

国民党抗日名将，黄埔一期的杜聿明中将，夫妻都是米脂人。名扬四海的杨振宁的原配妻子就是杜聿明的女儿，米脂美女杜致礼。

传说姬颛顼（远古传说中的帝王，三皇五帝中五帝之一，号高阳氏）之妻是今米脂籍人氏，而且传说中，说颛顼曾长期住在今绥德境内，身体力行，劝课农桑，使人富裕、开化。这个古老的传说应该是"米脂婆姨绥德汉"这一说法的最早起源。

今天的人们把貂禅和吕布看作是米脂婆姨绥德汉的原型，绥德境内有关于吕布墓以及他的诸多传说。而近代据考吕布是今天内蒙古包头西人氏（另有一说：吕布是早年在战争中被掳到绥德的，并在此地起家）。

米脂婆姨中也涌现出过许多妇女领导干部如高佩兰和杜瑞兰、冯云、安建平、杜利珍、杜彩珍及革命烈士杜焕卿、张惠明等（米脂县"米脂婆姨纪念馆"中都有详细介绍）。

一方水土养育一方人，中国历来就有小米益肾健脾，舒肝养胃，安神补气，护肤美容之功效。

米脂，古称"银州"，因"地有流金河，沃壤宜粟，米汁淅之如脂"而得名。这里说的米是小米，米脂的小米金光灿灿，煮成小米粥，上面会漂着一层淡淡的油脂，吃这种小米长大的婆姨们也就如花似玉，肤如凝脂。米脂婆姨究竟美在何处，众说不一，信天游中有这样几句歌词：光格堂堂的眉脸，墩格实实的身，黑油油的发辫，忽闪闪的眼。不似江南佳丽，尝以弹琴唱曲，赋诗作画，眷顾于文人雅士，达官贵人之间。米脂婆姨总有一股粗旷大气，野性的魅力，深受吕布之类英雄所偏爱。

米脂，名称起源于米脂小米。《米脂县志》云："此地有米脂水，沃址宜粟。米汁淅之如脂，故以名城"。色泽金黄、颗粒浑圆、晶莹透亮、质优味香的米脂小米，煮成稀饭，回味余香。米汤表面，可揭起三层油皮，故名米脂米。明清之际，即享誉全国，敕封为朝廷四大贡品小米之一。

为什么米脂盛产美女呢？朱千华在《中国美女地理》中说到了两点原因，颇为可取：一种说法是，当地有条桃花溪，水质优良，有益的微量元素丰富，无污染，米脂百姓以此为日常饮用水，并灌溉两岸作物。河两岸盛产麦、稻、杂粮，水产丰富，人称塞上江南。这么好的地方，足以养育出美丽的女子。米脂的小米营养丰富，很养人，女人吃了长得漂亮，如花似玉。当然，还有一个原因，这里上千年处于农耕文明和游牧文明交汇地带。文明的交汇，实际上就是人文的交汇。这种远距离的、异域民族的结合，形成了优良的遗传基因使得后代既漂亮，又英俊。事实上，不止是米脂、绥德，整个榆林地区，都传承了这样的优良基因。现代遗传学的研究证实近亲繁殖易产生基因变异，种族退化。而公认的是，混血儿男孩子大都长得英俊强壮，聪明伶俐，女孩儿则眉清目秀，漂亮大气。

据"简书作者"知鉴考证：

历史上无定河米脂一带就为匈奴、羌、铁弗、丁零、突厥、党项人所占据，北宋时期，米脂更是宋和西夏两国的边境，战乱持续百年不断。历经风沙和战乱洗礼的米脂女子，在风情之上，又烙上了淳厚、朴素的美，以及男子气概。以侯德健为代表的一批音乐人，以一曲"我的家在黄土高坡"，在中国民间掀起了一股势不可挡的"西北风"，其高亢大气，气冲霄汉，足可略见一斑。

李自成，这位声名赫赫逼得明崇祯帝自缢身亡的明末农民领袖就是米脂人。李自成作为西夏国的羌族后裔，称西夏太祖李继迁为始祖，为人高颧深目，鸥目曷鼻，深有党项族人的相貌特征。李自成的夫人米脂高夫人，领导的米脂女兵营也曾使明军闻风丧胆。

唐元明清历代皇帝与西域各部族征战多年。1219-1225年，第一次蒙古西征由成吉思汗发动，攻打中亚的花剌子模国（主要位于今阿富汗地区），此次西征至里海与黑海以北，印度、伊朗、伊拉克等地，第二次西征北路打到波兰、西路攻进匈牙利，南路渡多瑙河入意大利，直指威尼斯。第三次曾到达埃及。作为战胜国，掠回大批异族男女作为战利品，女子就婚配给戍边将士为妻。这种长期的大范围的异族通婚，怎会不使边境地区俊男美女辈出。

这里还有一个小插曲：1980年我在美国亚特兰大做访问学者，认识了一位来自台湾的陈先生，陈先生三十出头，就已经是美国乔治亚理工大学的终身教授了。陈教授酷爱吃羊肉，可是美国很少有餐馆卖羊肉的。后来他请我去一家穆斯林餐厅吃过一次羊肉，那叫一个味同嚼蜡，难于下咽。我跟他推荐，我岳父母都是陕北米脂人，他们做的粉丝羊肉砂锅，堪称一绝，叫你吃完，保证三个月回味无穷。陈先生说，光冲这一条，我也得亲自拜访。两年后，我在北京接待陈教授，到岳父母家专门品尝砂锅羊肉。只见一个十六七岁的小姑娘，不胖不瘦，不高不矮，款步端上一锅热气腾腾的砂锅粉丝羊肉。还没掀开盖儿看羊肉，陈教授盯着小姑娘就已经张口结舌，目瞪口呆了。待问道小姑娘是谁，我岳母说是米脂家乡刚来北京两个月的小保姆白雪梅。陈教授说，难怪自古就有米脂出美女的说法，随便一个小保姆都如此惊艳，你知道我看见她，想到了谁？德国女影星娜塔西亚·金斯基。金斯基1961年出生于德国柏林，由于先天条件极佳，13岁就开始做模特儿，1979年18岁的金斯基主演了轰动全球的著名电影《苔丝》，惊艳影坛，获得极大成功，被誉为1980年代"欧洲影坛第一美女"。获法国凯撒电影节和戛纳电影节大奖。你们这个白雪梅兼具欧亚人种的突出优势，颧骨微凸，眼眶深陷，鼻如刀削，肤若凝脂。面部棱角分明，双目盼若流星。皮肤虽然有些惨白，确如大理石般光泽靓丽。维纳斯的石膏雕像也不过如此。何况，欧洲人体毛太重，毛孔粗糙，而亚洲美女洁白细腻的皮肤，更不是欧洲人可比的。这正是欧美模特界的新宠，如此卓越的先天条件，如果假以时日，能够经过系统的形体素质培养，定能成就一代名模。竟把这羊肉粉丝砂锅都冷漠了。再说说这羊肉粉丝砂锅，以上好的陕北羊肉和粉丝为主料，配以鸡汤，加上蛋皮儿，海带丝，虾米，西红柿，香菜等二十多种辅料，真正鲜嫩可口，汤鲜味美。

太太和我60岁时补拍的婚纱照（摄于2006年）

我的心狠手辣的另一面

上世纪70年代中期，我平时都住在研究所里，只有周末和节假日才到我妈妈家看望老人，帮助她们做些重活累活。

我有一个和父亲同村的远房堂兄，就称他为王某吧。王某比我大十来岁，兰州大学中文系毕业，被分在兰州某大型国企做供销科副科长，生得又高又白，一表人才，更兼走南闯北，见多识广，按那时的标准，也算称得上"高富帅"了。他每次来北京因公出差，从来招呼也不打一个，就径直住到我们家里，我们兄弟姐妹众多，多一个人住，就得倒腾半天。更兼王某晚上无论回来多晚，都一定要回到家里吃晚饭，吃完饭，碗一推，就靠在沙发上看电视，连收个碗都不管。好像所有人都该着伺候他。

有一天，我表哥汉民大哥悄悄对我说，有件事要你拿主意。我俩关上门，汉民大哥从口袋里掏出一张信纸递给我说：

他今天收拾垃圾，无意中在垃圾桶里看到这封揉成一团的信。我仔细一读，原来是王某写给我妹妹的一封情书，我一下子火冒三丈，这小子在兰州有家有口，还有一对儿女，我妹妹还是个学生，从没谈过恋爱，这小子怎么能干出这种伤天害理的事。汉民大哥说："我和大姑碍着面子，可能也不好处理，只有靠你了。"我一听脑子里迅速闪过几个处理方案，赶紧说：你先不要告诉我妈，也不要告诉任何其他人，看我怎么收拾他。

当晚四五点钟，王某兴高彩烈的回来了，还没等他躺到沙发上，我叫他到他住的房间来，我有话跟他说，王某刚坐下，我就问他出差事务办得如何了？王某说已经差不多了，今天去逛了逛"恭王府"。我当时就气不打一处来，你倒会装潇洒，我也没客气厉声质问他：你到底做过什么对不起我们家的事了，这小子还跟没事人似的跟我打哈哈。我说：我给你两分钟，从实招来，否则别怪我六亲不认。王某一看，情况不对，但还存着侥幸心理，两分钟已过，我可没那份耐心，从兜里掏出那封情书，往王某面前一拍，问他这是不是你写的，上面还有你的签字。这小子也不承认，也不否认，眼睛叽里咕噜直打转儿。说时迟那时快，我抡圆了胳膊，一巴掌狠狠打在他那雪白的脸上，立刻涌现出五个红肿的指头印。王某没想到我这着，几乎被打蒙了。手捂在脸上半天拿不开。王某哭腔道：你把我脸打成这样，我还怎么出门见人哪？我厉声骂道：你还有脸见人？我们家哪点儿对不起你了，你竟干出这种禽兽不如的勾当。既然你自己不招认，你今天就给我离开这个家。我知道你们副科级出差补贴每人每天150块钱住宿伙食零用包干，结余归己，你倒会算计。你倒好，吃我们，住我们，还干些偷鸡摸狗的勾当。你不是那么贪财吗？这回非让你好好吐吐血。这一个月了，你给我掏出1000块钱算是吃住费用，加上今年前半年出差来我们家住的两个月，一共三千块钱，前几年的既往不咎了，你老老实实把兜里钱都给我掏出来。王某战战兢兢掏出五千块钱说：都给你留下。我说我只扣你三千，其它你拿走，怎么样，不算亏待你吧。你现在马上就给我收拾好东西，我送你去北京火车站，乘最近一班去兰州的火车，马上滚开，以后再也别让我见着你。

诡异的是，家里一个大活人突然悄无声息地消失了，竟然没有一个人问过我到底发生了什么事。我也没告诉任何人，只是后来跟老婆说起过，把老婆也着实下了一跳，直说，早知你还有这么心狠手辣的一面，我倒真该认真考虑是不是应该嫁给你。我解释说，做人是要有底线的，对这种下三滥的杂种，决不能心慈手软，要打就要打得叫他起码记住半辈子，你别看我平时从不与人为争，一幅温良恭俭的样子，可别惹急了我，否则我白刀子进红刀子出的事都干的出来。我就是那种敢做敢为，敢担当的人。

不被病死，也要被吓死
——也谈美国的医药费用

看了网友写的《加拿大不但税高而且药品价格昂贵》，很理解也很同情，不过真正是加拿大的药再贵也比美国便宜多了，以至于不少美国人都到加拿大去买药。

由于我是美国公民，在美国有足够的工作年限和交税记录，因此享有退休福利和联邦医疗保险，自知年老体弱，百病缠身，所以除了联邦医疗保险，我还另外购买了又贵又好的个人辅助医疗保险，每月医疗保险费就要额外多付500多美元，还要加上许多意想不到的药费自付额。在美国，再怎么省吃俭用，医疗保险还得大方一些，否则，一个意外就会叫你倾家荡产。

去年一场意外，我的消化系出了大问题，需要长期服用一种胰蛋白酶，我虽然购买了很好的医药保险，但是这种药一个月药量的自付额就要400美元，（所幸经过几个月的调养，病情已大有好转）又不是什么了不起的起死回生灵丹妙药，光药费自负额动辄就好几百美元。后来因为血红素已经降到危险点以下，需要每两周打一次红血球针剂，每个月的自付额要800多美元，我向保险公司申诉，他们回答：你付的是小钱，光这个针剂，保险公司一个月要付2000多美元。与此相比，后来药费自付额一次如果在100美元以下，我就得谢天谢地了。

总算领教了美国医药费用的昂贵，不被病死，也要被吓死。

不过，至于那些没有给美国交过一份钱税，却享有低保福利的人，无论医疗保险还是药费，他们几乎一分钱自付额都不用付，到哪儿讲这个理去。

美国真的是不怕你没钱，就怕还有点儿钱，可又没那么多钱。因此美国有的人，活着就把所有钱都花光，以后就由国家全部负责养着，虽然过得寒酸一些，起码不愁吃穿，生老病死，更不用担心。国外也有不少人，拼命钻美国这个空子，我认识一个老妇，子女把她办到美国来移民，她以给子女照看孩子，每年按2000美元收入报税，但由于收入低，从来不用交一分钱税，但攒够了十个工作季点，六十五岁还办退休，联邦医疗保险照拿，还再领低保每月粮食券，住房补贴和医疗白卡，医保和药费一分钱不用付。照此下去，医药费用不飞涨才怪呢。真是岂有此理。美国的社会主义专出寄生虫，专养懒人和钻空子的人。

很多人说，美国的医药昂贵，是由于医生收入太高，医生又抱怨美国医疗官司多如牛毛，打不起，药厂和私人医生的医疗事故保险费用就吃掉了利润的一大部分，再有就是人口老年化和奥巴马全民健保之类的滥用医疗资源，使医疗保险费用逐年高涨。也不知哪个才是主要的。

有一次，我到家庭医生处看病，照例要先测血压，血糖，一测血糖，只有50mg%（正常值应该在80-120%），血糖太低了。医生马上给我几块小甜点，让我立刻吃下，二十分钟后。血糖还在50上下，我知道由于我的消化吸收系统问题，吃了东西，吸收不了，血糖上不来，医生马上给附近医院打电话，叫了急救，送医院急诊。我说只要打个葡萄糖输液就可以了，我不想住院去。医生说，医生诊所不允许输液，只能上医院。我实在不明白，在中国，任何一个小街道诊所，或者再简陋的农村卫生院，到处可见输液的人群（中国俗称吊瓶），特别在大医院，连走廊里都挤满了打吊针的人，这点儿小事，美国医生非把我送到医院去才罢休。最近一次，我的右胳膊上端红肿加疼痛了好几天，原以为就是肌肉拉伤之类小病，贴了几天膏药，仍疼痛难忍，不得不去看医生，医生让立刻做B超，发现右上臂血管堵塞，马上送我去医院急诊，结果又住了好几天医院，做血液稀释输液。住院的医疗护理花费虽然极其昂贵，但是基本上不必自付一个小钱。不知是什么道理。

你知道马寅初吗？

提起"计划生育"，中国人应该是无人不晓，但是提起"马寅初"来，60岁以下的人恐怕鲜有人知。

1949年中国大陆人口是4亿。根据1953年中国大陆人口普查的结果，当时人口增长率为千分之22。据此，时任北大校长的中国著名经济学家，人口学家马寅初先生(说来还是哈佛的海归呐)，发表了"新人口论"，建议中国实行"计划生育"政策，参照社会经济发展比例，以及中国可利用土地面积，有效控制人口增长速度，其中心思想是"控制人口数量，提高人口质量，提高人民生活水平"，从而使有限的社会资源更好地造福人民大众。却遭到毛泽东和康生的点名批判，并且发动了一场全国性的批判"马寅初新人口论"的运动。

马寅初在被批判时，有过一句名言：

"我个人被批判是小事情，没有什么，可是，我想，我所写的《新人口论》，是有关国家和民族的大事。我相信，过几十年后事实会证明我是对的。"

到1958年中国人口猛增到6亿。

20年后的1977年，中国当时的领导人才醒悟过来，不得不承认当年马寅初是对的，必须尽快实行计划生育，但是已经又迟了20年，人口基数的暴涨，已经使一系列社会问题积重难返，难以挽回，到上个世纪末，虽然在"计划生育"重压之下，中国人口还是又翻了一番，达到13亿，并且迅速进入"老龄化社会"。

写到这里，说什么都是多余的了……

动物好声音:
猫叫？犬吠？还是狼嚎？

"好声音"（第一季）终于轰轰烈烈，热热闹闹收场了。

但是各路人马，还在继续不断地发声，而且愈演愈烈，特别是各种内幕解密，黑箱操作，造假曝光，层出不穷。赞美者有之，抨击者有之，借用一句文革流行语：一拨人说，好极了！另一拨人说，好个屁！

主办方号称这档节目是以"重塑中国人音乐信仰"为节目理念。

有人看完"好声音"后，感叹说，"现在学唱歌，还不如学猫叫。"从过去的"绵羊音"，"海豚音"，到如今的猫鸣，以后自然跟着就是犬吠和鬼哭狼嚎了。人的声音再好，也比不过动物"好声音"。如果不能把4位导师唱得胆战心惊，魂飞魄散，浑身起鸡皮疙瘩，哪怕你声音再好也没戏。（说实在的，导师中恐怕只有刘欢还算比较公正，敬业，当然，学员中也的确不乏真正好声音者。）

有人总结出好声音的关键是："好关系，好故事和好生意"，最核心的还是"好生意"，声音究竟好不好，倒在其次。而且，本来也就是：米饭馒头，各有所好。近几年盛行起来的各类电视选秀节目，包括各种音乐选秀，以及五花八门的相亲节目，直到"好声音"，把各种千奇百怪的招数，发挥发展到极致，本来作为一款"大众娱乐"节目，也无不可，只要能适可而止。都是金钱惹的祸，被这帮人相互勾结，相互利用，包装伪造成"娱乐大众"的工具，实则是各尽其责，各取所需，终极目的是为各方赚取最大利益，不惜出卖各自的灵魂。

如果说，"一切向钱看"，"全民造假，全面造假"已经成为当前的"中国特色"，那么"好声音"就可以作为时代的代表作，作为整个社会的缩影。始作俑者和最大受益者，当然是主办电视台和主办节目组，主办节目组用各种手段，勾结和收买有名气，又有影响力的各种嘉宾和评审。节目组和嘉宾评审们又勾结起来，指定和网罗一批被欺骗的参与者，节目组，嘉宾评审和参与者们，又相互勾结，欺骗，网罗和收买一批"粉丝"和敲边鼓吹喇叭的"五毛"们（切勿自贴标签，此"五毛"非彼"五毛"也），这一众人再来个大勾结，大搅局，这厢刚甩出个话题大揭秘，那厢马上回应个内幕大爆料，把骗局搞得轰轰烈烈，乌烟瘴气，把成千上万个百无聊赖的大众忽悠起来，哄闹出一个虚无缥缈的收视率，引得无处不在的商家，自投罗网，竞相掏出大把的钞票，把广告费成倍成百倍地推高。别着急，这上千万的利润才是第一波，后续的利益链还长着呢。节目组编导，节目主持人，嘉宾评审们的身价也水涨船高，终生受益，那些参与者们，随着名次和人气，也身价暴增，各种演唱会，出场费，广告费，代言费，接踵而来，受益无穷。最后被宰的是谁？是最先掏大钱的商家吗？非也，所有这些暴增的成本，最终买单的，还是被忽悠的大众们。被摧残的是民族艺术和全民的艺术修养，最终被摧毁的是民族精神！

在中国四周群狼觊觎之际，好一幅歌舞升平的美好局面呐！

好声音——张玮

明知"人才不可貌相"，但我一直还是对梳辫子的男生，有一种没来由的反感，却又没来由地独对张玮网开一面。

好声音——张玮，以一曲完美的高难度的"High歌"赢得了四位导师的一致转身，博得四位歌坛巨星的连番称许。无可否认，小将张玮是在最恰当的时机，最恰当的舞台，选择了一首最恰当的歌曲，以最恰当的方式，（既不哗众取宠，也不矫揉造作）充分展示出自己深厚的演唱功底和强烈的感染力。连刘欢老师都赞叹他的高音技巧，比C3之王帕瓦罗蒂（中间C上两个8度）还要高出（而且不单是瞬间一两个音节吼得上去，要多个音节连续平稳唱出来，无破擦，不撕裂）。那英惊讶如此绝妙的只有女声才敢于涉足的唱腔，竟出自这么一个小男生之口。其他两位导师则交互称颂张玮高亢中的低迴，阳刚中的阴柔，花腔中的摇滚，抒情中的嘻哈。

大家应该都不陌生，"High歌"的原唱——上海青年歌手黄龄，她把如此高难度的歌曲，唱的那么轻松自如，表现得淋漓尽致，以致后来许多女歌星都想模仿她，翻唱这首歌曲，但说实在的，没有人能够超越黄龄，也只能甘拜下风。

在"930"总决赛盛典表演中，第一个节目，就是张玮，黄龄同台对唱"High歌"，主持者也是费尽了心思。首先，这首歌曲，最能调动现场观众的气氛。其次，这首歌是张玮在"好声音"选拔赛中的第一首歌曲，最能勾起人们的回忆，最后，选择这样的"原翻对决"最能刺激歌迷的情绪，调动观众的遐想。

现场视频的链接如下：

https://v.qq.com/x/page/v0390cogo9n.html

张玮黄龄果然不负众望，为大家献上一幕顶级对唱表演，刚一开口，全场无不赞叹，两个人的声音配合的如此完美。也许是黄龄又经过多年歌坛，T台，节目主持和影视演员的历练，也许是因为黄龄越发唱功卓越，演技纯熟，当然，也多亏小男生张玮的对唱配合烘托，使得黄龄一颦一笑，一个举手投足，都魅力四射，一个台步，一个亮相，都模特味儿十足，效果被放大好几倍。单就唱功和台风，绝对超过黄龄以前自己的原唱效果。

反过来也是如此。整个对唱过程中，"老将"黄龄自始至终，都隐隐起着指挥调节和拔高推手的作用，一个眼神，一个点头，都充满着赞许和引导。也使张玮的演唱和表演效果比几周前独唱时，提高了一大步。特别是最后的二重飚高音，两人相得益彰，层层推波助澜，把演唱效果和会场气氛，推向高潮。

恕我孤陋寡闻，这辈子还真没看过这么精彩震撼的感人歌舞表演。

"杀了她喂猪"是什么意思

　　最近，无意间看了一段高晓松谈音乐的故事，其中谈到上世纪80年代，西方电子音乐和DISCO风靡中国大陆，使当时中国年轻一代初次接触到以电声打击乐为主的现代音乐。以东方好莱坞为代表的《荷东音乐》以及后来的饶舌形式，对崔健，高晓松等一代音乐人，产生及其深远的影响，造就了中国第一代摇滚歌手。

　　如果上世纪八九十年代，你还在上大学或者中学，我想你一定不会陌生，勾起你青春躁动的回忆。请先看一段视频，或者边听音乐，边浏览文字：

　　https://www.youtube.com/watch?v=MQyS9kcT078

　　"荷东"是一套欧洲舞曲音乐系列。它的全称是 Hollywood East Star Trax - 东方好莱坞明星舞会。香港译"荷里活东方明星舞会"简称"荷东"。

"荷东"的发源地在香港，其实是香港尖沙咀一家著名大型Disco 舞厅Hollywood East 的名称。这家 Disco 舞厅的驻场DJ ALEX（杨振龙）及Patrick　Delay将欧美的流行舞曲重新混音(Remix) 后播放，没有想到反响出奇的好。迅速成为流行时尚。香港FACE（飞时）唱片公司紧跟着出版的《荷东》系列舞曲音乐，迅速风靡东南亚。

从 1987 年开始，中国唱片总公司广州分公司从香港 FACE（飞时） 唱片公司引进《荷东》舞曲，也就是《Hollywood East Star Trax - 东方好莱坞明星舞会》，简称"荷东"，或为保留港译风格，或许是"荷东"更费解，有股子来历不明的舶来品味道，那时节，只有沾点儿外国或港台才算赶时髦。

因极其畅销，《荷东》迅速有了第二、第三辑，以及各类变种，并立刻衍生出《猛士》和《家庭舞王》两个相近的品牌。从 1987 年开始，荷东在内地一共出版了十集，历经 10 年。期间还出版了《金装荷东激光唱片精选》、《金装荷东精选串烧版 1》和《金装荷东精选串烧版 2》。总共13张专集。另外，荷东在香港本土出版了九集加上一个《圣诞特辑》，还有两张《金装精选集》一共十二集。香港和大陆合计共出版《荷东》25张专集。

《荷东》的年代，是全世界共同的美好年代，所以它骨子里是热的、媚的、柔软的、性感的。

荷东音乐跨越十年，经久不衰，整整影响了一代音乐爱好者，至今仍是舞曲界的经典！

荷东—东方好莱坞明星舞会

Hollywood East Star Trax .有诗为证（作者不详）：

> 打开尘封的记忆，
> 让美好出现在心里，
> 风靡八十年代的舞曲！
> 八十年代无法忘却的旋律！！
>
> 让上一代人掉泪的好音乐，
> 一起来仔细回味。
> 每一集都是非常的动人心弦，
> 高低音域实属一流。
> 逝去的是岁月，年轻的是记忆，
> 荷东不死，猛士不倒，
> 它是一个永久的传奇！

大家听到的背景音乐，就是其中最著名的一首。高晓松说，当时也没有几个懂英语的，大家就是跟着DJ胡唱乱跳，根本不知道歌词唱的是什么，只记得翻来覆去就是一句话"杀了她喂猪"。几十年以后，当高晓松已经成为中国顶级音乐人，创作他的第一首饶舌歌"杀了她喂猪"时，（就是那首主打老北京歇后语的歌曲，诸如"城墙上拉屎——眼高""吃馒头，拉花卷——转《赚》了"）曾竭力搜寻荷东音乐，企图找出"杀了她喂猪"的英文原意，竟然怎么也找不到，成为一直困扰他的憾事。

　　我突然想起，十几年前，有一次我也是心血来潮，曾经多方设法寻找荷东音乐，由于当时此音乐早已绝版，互联网也才是初起阶段，始终找不到答案。很久以后，终于找到了一盘翻录的荷东音乐磁带，几经周折，才弄清了那段"杀了她喂猪"的音乐，英文原意是"SHY LIKE AN ANGEL"（像天使一样腼腆），如果用中文拼读，发音应该是"沙拉卡安珠"，跟"杀了她喂猪"毫无关系。歌词大意：

New Romantique

Shy Like An Angle

Where I go?

Where to live?

When you gone away...

Sorry I...

Feel like crying

You wouldn't stay with me...

And every time and place

Caught up memories in life...

Lovely lazy days

This feeling is long gone bye...

Shy like an angel

You're shy like an angel...

You have my passion from the...

Very start

Shy like an angel

So shy like an angel

You take my soul away...

My dreams live on

For so long

It hurts inside so strong...

But vision stays

Before my eyes

No one can comes inside...

And every sun that shines

Rising for you and me

And every tear I cry...

Push my feeling...

Oh, what a feel!

Shy like an angel

You're shy like an angel...

You have my passion from the...

Very start

Shy like an angel

So shy like an angel

Don't take my soul away...

Shy like an angel

You're shy like an angel...

You have my passion from the...

Very start

Shy like an angel

So shy like an angel...

Don't take my soul...

My only soul away...

 这么一首音乐如此美妙，歌词如此优美的歌曲，竟然被阴差阳错地搞成"杀了她喂猪"，以致愚弄了整整一代人几十年。

后生可畏谈滑雪

托加州地理位置和气候的福，来美国二十多年，加州从来没下过雪，由于东部比邻的内华达州Sierra山脉海拔7千多英尺，高峰处终年积雪，无论北加州的旧金山，还是南加州的洛杉矶，从11月到来年4月，有5个多月的滑雪期。从我们居住的温暖的加州太平洋海岸，到最近的滑雪场，开车只要3个多小时，真可谓得天独厚。（但海拔陡增，山高路险是一定的了）。

记得1996年圣诞节，本人已是知天命之年，当时公司组织去Reno滑雪，给每个人订好了一天的滑雪费用和旅馆，你只需自己准时开车过去就行了。虽然是第一次滑雪，由于我自小在北方长大，大学又是在哈尔滨度过的，所以有良好的滑冰基础，基本上一学就入门。因此，第一次滑雪，许多人都是乘Lift到顶端，不敢滑下来，又乘Lift下来，我仗着胆大，居然就自己滑下来，当然是沿着"绿道"滑下来的。（滑雪道，按由易到难，分为绿，蓝，黑和黑钻石四个级别）

哪知阴差阳错，第二次滑雪已经是又十年以后了，虽已步入老朽，却进步很快，而且突然喜欢上滑雪，你想，顺着高坡，飞流直下，任速度越来越快，风驰电掣，耳边风声呼啸，四周的山林瞬间被抛到脑后，那种美妙和刺激，羽化而登仙的感觉，真是"只能意会，不可言传"，只要你心里不要发慌，稳住腿脚，一般是不会摔倒的。滑雪的前后左右支撑，比滑冰要稳固多了，而且手上还握有滑雪杖，再者，雪上摔一跤，比冰上摔跤要轻多了，最大不了，可以主动躺倒，一般是不会摔伤的。但是滑雪的高度落差大，速度也快多了，切不可掉以轻心。

毕竟是老朽了，真后悔没有早几年刚来美国时就开始滑雪，没有趁年纪还不那么太老的时候，多滑几次雪。真应了那句时兴话："年轻时，有贼心，没贼胆；中年时，有贼胆，没贼心；年老了，贼心贼胆都有了，贼没了。"就跟旅游是的："年轻时，有时间，没钱；中年时，有钱，没时间；年老了，钱和时间都有了，健康的身体没了，哪儿也去不了了。"

只好把希望寄托在两个孙辈身上。其实，美国的滑雪场，儿童训练课程服务非常完善周到，全天课程，只要早晨九点送去，下午三、四点去接就行了，有些家长总想自己教孩子滑雪，其实是事倍功半。通常，这类需要胆量的运动，最好是完全交给教练，教练也奉劝家长最好不要让孩子看到你在身边。我的外孙女和外孙子，一个6岁半，一个才5岁，前年冬天上过一次滑雪课，因为太小，还哭鼻子呢，去年因为回国，没有滑雪，今年，算上这次，总共才上完三次滑雪课，已经通过了儿童滑雪初学4级（总共6级，教练可以根据孩子的实际程度随时安排插班或者跳级）。为了让他们体验真正的滑雪感觉，于是，他爸爸试着带他们上"绿道"滑滑看，外孙女天生胆大，弟弟也就跟着有样学样，他们居然可以自己从绿道顶端滑下来，而且有模有样，还直大呼"Easy"。也许真是因为小孩子个子小，重心低，容易掌握平衡，此外，这两个孩子还都有一定的滑冰基础，加上胆子大，所以进步极快，快的让人难以置信。滑过几次绿道以后，他爸爸又带他们试着上一条中等难度的"蓝道"，我看着都有点儿胆颤，可是两个小家伙却能自如地滑下来，而且都不用滑雪杖（美国小孩儿初上滑雪课，都不拿滑雪杖），真是了不起，老朽只能甘拜下风。

以前看到别的美国孩子，小小年纪就可以从高处滑下来，很是羡慕，心想，什么时候我们的孩子也能学会滑雪呀，这不，转眼间，我们的孩子，比他们还小，学得比他们还块，滑的比他们还好。

滑雪场山顶（Reno）

后生可畏谈滑雪之二
攀登新高峰——冲击◆◆

◆◆ Double Diamond Black是世界业余滑雪最高难度滑雪道的标识。

4月20号是北加州2013/2014滑雪季最后一个雪场开放日。此前一周，借春假，跟两个外孙一起，进行本滑雪季最后一次滑雪。两个小家伙已经不满足于Diamond Black的难度，信心十足，一定要挑战Double Diamond Black雪道。

冲击Double Diamond Black，既要有过人的胆识，又要有娴熟的滑雪技巧，两者缺一不可。Double Diamond Black雪道又陡、又窄、又长。

说它陡，是因为雪道从头到尾几乎都在40°到60°以上，看着都让人晕眩，更别说高速往下冲了。没点儿胆量，是绝对不敢尝试的。

　　说它窄，是因为雪道大部分只有5-10英尺宽，只容得一个短道转身，必须熟练掌握 short turn 滑雪技巧，还要求反应机敏，判断准确，行动果断，稍微犹豫不决，就有可能栽到雪道外面去。在蓝道上，虽然也有一些相对较陡的地方，但一般雪道比较宽，只要熟练掌握 Parallel turn，走大之字回转就可以对付了。

　　说它长，是指它的高难度雪道是一个接一个的，不像蓝道上，在一段比较艰险的路段之后，总会有一段相对平缓的区域，让你缓缓劲儿。

　　起初，我们这些只停留在初级蓝道水平的人都极力反对让一个不到七岁、一个才五岁多的孩子们去尝试挑战Double Diamond Black，他爸爸认为，两个孩子们已经熟练经历了Black Diamond 的考验，从技术上来看，冲击 Double Diamond Black，应该是没有什么大问题了，主要是心理素质上的锻炼和提高，中国孩子普遍缺乏冒险精神，主要就是家长们太护着了。而且有他来带路、保驾，一定做到万无一失。 既然有他爸爸担保，我们也就只好由他们去罢。

　　事实证明，只要做好充分的准备，尽量做好必要的安全保障，就应该放手让孩子们去尝试，去闯荡，让他们从险恶的环境中去摔跟头，吸取经验，这才是人生最宝贵的财富，他们也会在自我锻炼中成长得更快。想当初，2013年12月在温哥华初学，上儿童滑雪课，至今才5个月，就敢于征服世界业余滑雪最高难度的滑雪道，进步速度之快，简直让人难以置信，（要知道，即便成年人要走过这个过程，一般也需要3-5年的时间，更何况许多人一辈子也跨越不过这个巅峰。实际上，有许多东西，可能小孩子学起来真的有他们天生的优势。）虽然还略显稚嫩，但毕竟又完成了一次滑雪的飞跃，也是一次人生的飞跃。

外孙子从蓝道上滑下来

小色狼的初恋

六岁半的Aaron已经上小学二年级了。

各个方面成长都还正常，唯独"交女朋友"的本事突飞猛进。

一年级的时候，喜欢上了姐姐班上的一个女孩儿，放学去接姐姐时候，他比谁都积极。才见过几面，就围着人家女孩儿团团转，像老朋友似的。过了一阵儿，就没下文了。后来，姐姐参加了一个周末唱歌班，Aaron跟着他妈妈一块儿去接过姐姐几次，又说喜欢上姐姐唱歌班里的一个女孩，那个女孩儿长得倒是真漂亮，是个美中混血，金发碧眼，身材高挑，性格外向，个子比姐姐还高出半头，她父亲就是个身高2米的美国大帅哥。Aaron连人家名字都叫不出来，也不知人家几岁，却围着人家女孩儿，有话没话的说说笑笑，不肯离去。慢慢熟了，人家看他聪明伶俐，也挺喜欢他，有一次憋不住了，他厚着脸皮问人家："Can I kiss you?"哪知人家回了一句"Sure."说着一个猛虎扑食，就冲过来了。反而把他吓得抱头鼠窜，早就躲到爪洼国去了。后来唱歌班结束了，这段"隔山恋"也就无疾而终了。

最近他妈妈每次放学去接他，又发现他有点儿不大对劲儿了，每次去接他，都发现他举止反常，围着他们班上一个女孩儿，又跳又叫，一会儿撒泼打滚儿，一会儿又亲吻地板。问他是不是又喜欢上人家女孩儿了，他还不承认，还是姐姐说：Aaron告诉我说那个女孩儿是他女朋友。他还问过人家："If a second grade boy likes a second grade girl, can he marry her?"（如果一个二年级的男孩子，爱上了一个二年级的女孩儿，他可以娶她吗？）人家说："Of course not, they should wait until they get to college。"（当然不行啦，他们必须等到上大学才可以）。后来才知道，对方是个中日混血儿，举止文雅，细声细气，皮肤白净，眉清目秀，长得颇有几分中国古代仕女图中的东方古典美女。他还煞有介事地问他妈："我想告诉全班同学，行不行？"他妈说"当然不行，你看你，每次吃完饭，都粘一脸的饭菜，光看你的脸就知道你都吃了些什么东西，说你吧，你就拿右手袖子往脸上一抹，哭鼻子也拿袖子抹，擦鼻涕也拿袖子抹，放着响屁，打着响嗝，连'Excuse me'都不说一声，人家哪个女孩儿会喜欢这么不讲卫生，不懂礼貌的男孩子？"你别说，还真是立竿见影，第二天就看到Aaron已经开始自己用纸把鼻涕擦干静，也不往袖子上抹了，连咳嗽一声都连忙用胳膊挡住嘴，还跟一句"Excuse me"。这回也许是认真的了，一来，这次不是"一见钟情"，而是"日久生情"，二来，这次连妈妈都不告诉，问起来还不承认，只悄悄跟姐姐说。三来，人家还真说改就改，知道在喜欢的女孩儿面前要表现得绅士一些。看来，7岁的Aaron还是蛮有眼光的。至少让人不用担心的是，将来不至于赶时髦，赶他个"同性恋"之类的。加州竟然要立法，以保障中学生有选择性取向的权利，从而保障有选择进男厕所还是女厕所的自由，我看这个社会迟早要"进步"到保障有杀人的自由，恐怕才肯善罢甘休。这算什么世道哇！

Aaron(6岁半)

印象派音乐的魅力
——拉威尔的波莱罗舞曲

十九世纪后半期，正是法国印象派画家的全盛时期，即使你不懂绘画，也应该能够罗列出以梵高，雷诺阿为首的一堆人名。但是如果说起印象派音乐大师，即使搞音乐的也未必能知道几个。

法国作曲家莫里斯-拉威尔（1875-1938）就是著名的印象派音乐大师。而拉威尔的"波莱罗舞曲"又堪称印象派音乐的代表作。

2013年回北京那次，我内弟知道我喜欢音乐，又建议我们去参观一下"国家大剧院"，于是，提前几周，就订购了在国家大剧院演出的中央交响乐团星期音乐会的票。他是属于发烧友级的音乐爱好者，我只是业余级的。演出曲目之一就是拉威尔的"波莱罗舞曲"。这首乐曲，我在五十多年前就听过，而且听了第一遍就印象极其深刻，"过耳不忘"。全曲共计十七分钟，一个主旋率和一个几乎对称，又不完全对称的应答辅旋律，交替出现，这首乐曲妙就妙在，它只有一个旋律，一个节奏，一个速度，从头到尾就是一个巨大无比的渐强符号。试想，持续十七分钟的一个旋律，一个节奏，一个速度，不得把人听得烦死了，睡着了？其实不然，它却使你越听越爱听，越听越入迷，越听越激动，恨不能跟着乐曲狂欢起来。这就是印象派音乐的魅力。

1928年，西班牙芭蕾舞女演员伊达·鲁宾斯坦创作了一个表现西班牙吉普赛女郎的舞蹈，约请拉威尔为她写一篇舞蹈音乐。于是，拉威尔就创作了这首波莱罗舞曲，波莱罗舞曲原来是一种西班牙古典舞的曲式，最初是以西班牙响板和铃鼓打出的节奏感极强的民间舞曲。拉威尔只是借鉴了这一曲式的精髓。在小鼓无休止的三拍子节奏背景上，由各种乐器演奏的两个17小节的旋律不断反复。直到最后，交响乐队管，弦，鼓，号齐上阵，加上和声部以及焰火，把全曲推向高潮。

下面的链接接是【维也纳交响乐团 版】的拉威尔"波莱罗舞曲"：

- Maurice Ravel BOLERO - Wiener Philharmonic 【维也纳交响乐团】

http://www.youtube.com/watch?v=KK23BhEQVyU

据说这是最接近拉威尔原创意境的版本。当你闭上眼睛，你眼前浮现的是在西班牙的一个小酒馆里一个吉普赛女郎在餐桌搭成的临时舞台上缓缓起舞，演绎着各种舞姿的变幻，随着乐曲的发展，舞姿越来越狂野，最后引得众看客们疯狂的追捧。全曲延续17分钟，是拉威尔最理想的曲速。

下面是另一个曲速稍快的拉威尔"波莱罗舞曲"的版本：

波莱罗舞曲【安德烈-瑞欧版本】

http://www.youtube.com/watch?v=3-4J5j74VPw

当你闭上眼睛，仔细欣赏时，你看到的仿佛是在遥远的天际，一队手持大刀长矛的敌军士兵，踏着军鼓，缓缓向我方开来，随着距离越来越近，敌军士兵越显威武雄壮，杀气腾腾，双方将士摩拳擦掌，气氛也变得越来越紧张。在短兵相接的瞬间，刀枪辉映，火光冲天 ，战马嘶鸣，硝烟弥漫。加上和声部以及强烈不和谐音的渗透，又配上焰火的烘托。敌方士兵丢盔卸甲，一溃千里。（人们说这个版本更贴近波莱罗舞曲的原始风格）

听这样的乐曲，你能"烦死了""听睡着了"麽？即使你不懂音乐，我想你一定也已经记住了这段主旋。同样的旋律，你已经感受到完全不同的场景和故事。这就是音乐的魅力！

一个修车师傅的情怀

　　2015年，在纪念抗日战争胜利70周年之际，在美国国会举办了一场"留住历史，锁住罪恶"的抗日战争文物史料展览。展品包括当年日本联合舰队司令山本五十六海军大将的佩剑，侵华日军使用过的军旗，日本侵华士兵关于南京大屠杀的战地日记，以及美军在中国对日战场作战的珍贵的文物史料，参观者除了华裔，还有不少日本和其他族裔的民众，其中还包括5，60名参加过二战的美国退伍老兵。

　　这次展览是由美国抗日战争史实维护会连同加州日裔美国国会众议员Mike Honda共同促成的。这批抗战文物史料则大部分是出自一位美国的华裔修车师傅——刘磊的个人收藏。

　　刘师傅原籍山东，小时候，经常听外婆讲述外婆家族参加抗战的历史故事，刘师傅从1994年开始收集散落民间的抗日战争文物史料。年轻时参军，学得一手修汽车的好手艺，2001年移民来美以后，继续修车行业，在我们的小城开了两家修车铺，也有了一些经济基础，但刘师傅不买房子不买地，把积累的资金用来继续收集抗战文物。特别是当他得知有人准备转让山本五十六的随身军刀时，毫不犹豫地出高价买来。二十多年来，刘师傅收集的抗战文物史料达3000多件，侵华日军训令手册、战地日记一共200多本，特别是一幅天皇赐给关东军司令部的"天皇检阅图"，不仅是绝世珍品，更是珍贵史料。

刘师傅现在身兼抗日战争史料研究会名誉会长，他把他的一间车厂房间，专门开辟成抗战文物史料陈列室。

听世界最顶级华人牧师的布道

没想到，你还是虔诚的基督徒了。

且慢，休要谬赞。我不是基督徒，我也不信任何神和教。

不过，这次还真是有生以来第一次开车跨过好几个城市，主动去听一个基督教牧师布道。

自从听了二十多年毛氏说教以来，竟滋生出一种对所有说教都由衷地厌恶和强烈的抵制情绪。虽然为了不弗亲朋好友的盛情好意，勉强上过几次教堂，可是对各种"神"和"教"都有一种死不改悔的拒绝心理，不管你说得多么天花乱坠，我就是不信邪。我为什么一定要去相信一个谁也没有见过，看不见，摸不着的东西？朋友劝我：你们学科技的都相信科学，不错，地球在自转，在围绕太阳转，太阳也围绕银河系转，但是最初，是谁推动它们开始旋转的？只有上帝。朋友现身说法：你就先信了神，你就会相信他的存在。但是那种千篇一律的说教，对我丝毫不起作用。直到听了湾区著名的刘彤牧师的讲道，我才稍有转变，至少不拒绝。刘彤牧师每周四晚，在广播和电视上还有一个"跨越的人生"专题布道节目，还蛮吸引人的。我甚至都有一种冲动，认为中宣部或中央党校应该聘请刘彤牧师专门为他们开办如何做宣传的培训课程。这些党棍们，硬要拿自己都不相信的东西去说服别人相信，也实在难为他们了。

前几天，去刘磊师傅的车行修车，看到一张唐崇荣博士美国布道会的广告，刘师傅本身就是一个口若悬河，滔滔不绝的演说家，他极力赞赏并鼓动我们不要错过这个机会。按他的说法，你听了唐博士讲道，你才知道刘彤牧师只是个小弟，唐博士才是布道大师。于是极大地挑起我的好奇心。

唐崇荣博士今年76岁了，他是全世界华人基督教的最杰出的神学家和布道家。唐博士思想横贯中西，鉴古知今，以独到洞见精辟阐释圣经原理。他于1957年起，在回教统治的印尼，创建了印尼基督教归正福音教会，并在全世界创办多所神学院，包括著名的美国华府神学院，基督教教会学校和神学博物馆。为超过三千万人讲过道。为表彰他对基督教会史研究的杰出贡献，美国费城神学院特授予黄崇荣荣誉博士学位。作为牧师他还精通音乐，美术，哲学，历史，特别精通建筑设计，他担任过50年的乐队指挥，指挥过贝多芬的9大交响曲。他设计建造的印尼归正千禧建筑群，包括世界上最大的能容纳4000人的椭圆顶弥赛亚大教堂，雅加达交响音乐厅等，被称做雅加达标志建筑。

　　唐崇荣博士的这次布道大会，与一般的教会布道大不相同：

　　1　布道会不是在教堂举行的，而是在SAN MATIO艺术中心大音乐厅举行的。

　　2　布道会不像一般的只是由牧师一人讲道，而是采用问答形式讲道。每位参加者可以预先写下1-2个最想听的话题或者问题，由主办者选出若干最具有代表性的，交由唐崇荣博士回答宣讲。形式非常生动活泼。使你感到唐牧师不是在给你讲道，而是在和你对话，交流。

　　有一个人问道：我怎样祷告，上帝才会保证我成功？唐博士回答：上帝永远不会保证任何个人的成功，无论你怎么祷告。他只会帮助人们去成功，特别是在你失败的时候。世界上还有比基督更成功吗？可是基督最后连身上的衣服都脱下送给了穷人。成功不是你获取了多少，不是你获取了多少金钱，地位，权利，荣誉，而是你给予了多少，你献出了多少金钱和财富，时间和精力给世界，给社会，给穷苦大众。

　　还有一个人问道：我重病缠身，应该怎样祷告上帝？唐博士回答：重病结果一个是治好了，那就是说，上帝让你继续留在世间，为大众服务。再一个结果就是死去，那是上帝召唤你去天堂继续服侍。这有什么区别吗？

　　另外有人问道：你是一个牧师，为什么会酷爱艺术？唐博士说，人类是上帝最杰出的艺术作品。在创世纪里，神说："我们要按照我们的样式，照着我们的形象造人"，"形象"是指神将牠的心意，最高的理想在创造中表达出来。所以人是神的"代表作"，当人创作时，也是要把他最深的心意表达出来，无论艺术或文学的作品，我们都会从中发现"作者的形象"。米开朗琪罗的人物绘画，几乎没有一点笑容，因为绘画者经历了痛苦的一生。达·芬奇画的所有人物则都有笑容，但是没有一个是露出牙齿的笑容，在微笑中隐藏着奥秘，智慧，高深的思想，表达出作者对文艺复兴的盼望和人的自信。任何一位作家，当他创作进入最巅峰时，都会对自己说：我要把亲身的经历，体验，感受和理想投射在我的作品中。由贝多芬的九大交响曲，我们可以听出作曲者磅礴澎湃的性灵，和与命运奋斗的精神，在音符的跳跃中震颤。而莫扎特的音乐，则如羚羊般的轻灵，柔美，纯洁。勃拉姆斯的音乐，则充满哲理和慎密的结构。

如果只是一个人，无论你有多伟大，最终也只有灭亡。只有一男一女才能使人类繁衍延续。我们有神的形象，更应该效法耶稣基督的样式。请问："你今天像谁？"你是人，是神按照自己的形象，样式创造的，你可曾想到："主啊！我愿像你一样！"

一部没有一句台词的电影

年轻最时令我感动的一部电影，名字叫"狐狸的故事"。上世纪七十年代的人们大概还都应该记得这部电影。http://www.tudou.com/programs/view/tYA8lP-d6IU

这部电影的演员只有七只狐狸。除了解说词，没有一句台词。原版电影中，连解说辞都很少，完全靠一连串的插曲来贯穿。狐狸们只能通过动作，表情和眼神来展现故事的情节，和狐狸的感情生活。狐狸们的动作，灵活生动，活泼可爱，毫不矫揉造作，他们不是在演戏，而是生活最原本的再现。狐狸的表情有限，但是他们的眼神绝对逼真深邃，电影中不乏狐狸眼神的特写镜头，只可惜没有一句对白。

这还叫电影啦？拍摄这样的电影，对编剧，导演，作曲，其实都是极大的挑战和考验。这部电影可称得上比真人演的任何其它电影都更加真情感人。

男主角是一只来自远方俄罗斯的西伯利亚金色北方狐——菲利普，女主角则是生活在北海道和千岛一带的日本红狐狸——艾莲拉。

当浩瀚的冰川覆盖住鄂霍次克海时，无所畏惧的菲利普经过长时间的饥寒交迫，在冰川上狂奔，终于到达了一个陌生的地域，看到了美丽的日本红狐狸——艾莲拉。他对艾莲拉一见钟情，他以势不可挡的顽强，打败了围绕在艾莲拉周围的一群本地追求者，经过一番由一系列插曲展现的真情告白，互诉衷情，终于与艾莲拉一同共筑爱巢，建立起美满的家庭。

几个月以后，5只狐狸幼崽相继出生。春天来了，小狐狸们渐渐长大，在草地上相互追逐，嬉戏玩耍，争相吃奶，跳跃欢笑，一派幸福祥和的气氛。这时电影里传来了那首充满摇滚特色，催人泪下的著名插曲——"世界——你早，大地——你早，阳光——你早。"

但是，灾难也在逼近。首先是天生双目失明的小狐狸吉利卡，在海边漫步时，被一个大浪卷入大海，他虽然看不见世界，但是他一直向往着父亲曾经生活过的大海那一边，于是他永远地走了。紧接着，他们的窝被猎狐犬发现，菲利普为了引开猎狐犬，险遭不测，他们不得不搬家。随着雨季的来临，所能扑捉到的食物，越来越少，而小狐狸们正是长身体的时候，食量大得惊人，菲利普只能冒险到农夫家里去偷鸡，偷回的鸡顷刻间就被分食殆尽。听着小狐狸们饥饿的哀嚎，艾莲拉决定和菲利普一起去偷鸡。哪知农夫早有防备，艾莲拉落入陷阱，被捕兽夹夹住了腿，艾莲拉的挣扎和嚎叫，又引来了鬣狗，菲利普冲上去和鬣狗撕咬搏斗，艾莲拉趁机挣脱了夹子，拖着一条断腿，爬回家里，垂死的艾莲拉脑海里涌现着初次见到菲利普的情景，以及狐狸幼崽们的欢乐嬉戏。由于失血过多，艾莲拉在日落时分，永远闭上了双眼。

菲利普不得不独自挑起抚养子女的重担。小狐狸们也渐渐长大了。菲利普就带着他们锻炼快速奔跑，捕捉田鼠和飞鸟，教他们如何识别猛兽的足迹和猎人的陷阱。

夏末的一天，分离的时刻到了，也许是天性使然，菲利普看到小狐狸们已经长大成熟，他们必须开始独立生活，独自面对残酷的环境，建立自己新的家庭，使种族延续。菲利普残酷地一只一只地撕咬并驱赶小狐狸们远离家乡。最后他自己也离开了曾经和艾莲拉一起建立的窝，独自走向远方。

当严冬再次来临，菲利普回到以前的窝来探视。他看到的是最小的那只狐狸的尸体，没有人知道到底发生了什么，只见尸体旁边还有半截吃剩的鱼。突然菲利普听到机械的轰鸣声以及鬣狗的狂吠，他看见远处猎人乘坐着动力雪橇，正在追赶两只狐狸，他一看正是他的两个孩子，在雪地里飞快逃命。随着一声枪响，一只狐狸顿时毙命。菲利普发出尖叫，把猎人引向自己。菲利普左突右扑，以躲避猎人的子弹，但是他无论跑得多快，也不及猎人的动力雪橇，当猎人看到那是一只罕见的金色狐狸，他们连枪也不开了，距离越来越近，鬣狗又从两面包抄过来，一阵强烈的不祥预感，笼罩在它的心头。菲利普很清楚，猎人们只是为了它们的那身皮毛，为了获取一张完整的，毫无损伤的价值数十万美金的珍贵狐狸皮毛，猎人们要活捉它们，不会预先杀死它们，把血放光，而是要活剥它们的整张皮，包括头部和四肢。同类们的惨叫曾经让菲利普彻夜寝食难安。菲利普不知道它们到底犯了什么罪过，要受此酷刑，它们唯一的过错就是不该天生拥有一身珍贵的稀有的皮毛。我就曾经见到过一位贵妇人，冬天围着一条整只狐狸制成的围脖，的确是那样的雍容华贵，只是那还是一只小狐狸，眼睛还睁着，露出痛苦和惊恐的眼神。前面已经无路可逃了，为了避免被活捉，菲利普毅然纵身跳下悬崖， 堕入大海，也许它也回到了梦迥萦绕的鄂霍次克海的那一端。

随着人类对荒野的疯狂开发，野生狐狸的食物链和居住环境遭到毁灭性的打击，加上严寒和恣意捕杀，到下一年的春天，野生红狐狸的生存率还不到7%。

当冰雪开始融化，春天再次降临，雪地上只留下一排脚印，伸向远方，那是小狐狸杰尼卡孤独的脚印，电影里又响起了那首感人肺腑的"世界——你早，大地——你早，阳光——你早。"的插曲。菲利普一家7口，只剩下孤零零的杰尼卡，迎着初升的太阳，踏着几乎没过他瘦小深躯的积雪，艰难地走向远方，也不知未来什么样的命运在等待着他。

看到这里，怎不叫人泪如雨下。即使他只是一只狐狸而已。

李总传奇

我的一个同学李某，大学毕业时，父亲还没解放，被处理分配到河北省某地一个县办工厂做技术员。80年代初，刚赶上改革开放初期，当时红色资本家荣毅仁被邓小平请出来重新组建"中国国际信托投资公司"，作为对外经济贸易合作窗口。李某参加到初创的中信公司，后来担任副总经理，据说他的中信工作证号码是003号。实为中信元老。新建中信的第一笔生意就是他做成的，后来中国的第一架波音喷气式客机，也是他通过第三方买回来的（当时美国还不卖给中国）。

李总个头不高，人长得还算说得过去。只是太不修边幅，头发有些自然卷，怎么梳也梳不整齐，就干脆不梳了，顺带连胡子也懒得刮了。整天就是一套不知哪儿弄来的工作服，倒还算整洁，照他的理论，整天西装领带的，勒得连气都喘不过来，哪有我这身工作服舒坦，想往哪儿躺，一轱辘就得了。李总烟瘾极大，每时每刻烟不离手，按他的说法，每天饭可以不吃，茶可以不喝，烟可不能少，他抽烟可有讲究，只抽"三五"，而且为了方便，还要把过滤嘴掐掉，把两根接在一起抽才过瘾，两个手指都是焦黑的。

相传，有一天李总去北京饭店见一个客户，李总上下班虽然都自己开车，但是外出活动从来要求司机开车。还没进北京饭店大门，就让门卫给拦下了："先生，此处禁止吸烟。"李总赶忙到门边垃圾桶把烟头掐灭，一身西装革履的司机已经大摇大摆地先进去了，待李总返回门口，又被拦下："此处是涉外宾馆，闲人免进。"李总指着前面支支吾吾道："那什么…那什么，我们一块儿的，我…我是他司机。"门卫问道："你是司机，那你有停车牌或者车钥匙吗？"李总掏了半天什么也没掏出来，正好前面司机一看李总被拦下，赶忙回来看看是怎么回事。门卫问司机道："他是你司机吗？怎么连车钥匙都没有？"司机赶忙回答："误会误会，这是我们李总，我是他的司机。"司机回来跟大家一说，真把大家逗死了。

李总最传奇的还要数在中信初期，荣老板交给他几百万美元现金，只带一个保镖，到缅甸去做宝石生意，到宝石开采场，保镖背着个挎包，里面全是美元现金，手里拎着个大提包，里面是一把AK47，晚上保镖就枕着挎包抱着提包睡觉，抢劫现金，杀人越货的事天天发生。每年4月，在美国亚利桑那州的图桑都要举行全球宝石矿石拍卖会。这种生意，只要不怕死的，大部分都能赚到钱，只是看运气好坏，赚多赚少而已。

听说他有几幅宝石镶嵌画，很想开开眼。有一天，李总带我去他家里，从保险箱中取出两幅宝石镶嵌画，一幅是金光灿灿的"清明上河图"，还有一幅是光辉耀眼的"咏梅图"， 全部用的是红宝石，蓝宝石，缅甸玉和绿翡翠，还有金丝银丝，白金丝镶嵌而成。光这些材料就价值不菲，加上精湛的工艺切割和艺术加工更是价值连城。

宝石生意全部都是现金交易，足见荣老板对李总的信任。李总也坦承，每次去缅甸，都是把脑袋掖在裤腰带上，去了还能不能回来都说不准。什么下九流的勾当都见识过，能有此等经历，死都一个字儿——"值"，也算不枉活一遭。

我在中信公司时，我们李总就是看上我胆大心细，忠厚老实，他说过，什么棘手事情，你只要交给荆总，就再不用交代应该干什么，怎么干了，他会考虑得比你还周全。有一次，李总把我叫到办公室，说深圳康华孝敬他一批日本进口的24针高密度汉字打印机，（估计是从海关走私扣下来的）一共一千台，每台成本价2000元人民币，是当时市场枪手货，市场价2400-2600元，卖得好可以一台净赚1000元。人家只要求一个月以后，把成本还给人家就行了，赚多少都归你。我又不是搞技术的，这好事就给你了。一个月以后，我把一张200万人民币的汇票，和两个手提袋，每袋30万现金，交到李总办公室，李总说，哪儿还有你这么傻的，我已经告诉过你了，这钱本来就是给你叫你赚的，你还拿来给我，我要不收，你也绝不会收。叫你贪，给你机会贪，你都不贪。这袋现金我留下了，那袋你拿走，有什么下不了账的开销，从这里出，就凭你一句话。反正公司账上根本也没有这批货的进出。

后来李总离开中信前，把我们一个同学的弟弟调来接替他，并跟我说：这里水太深，我这么老奸巨滑都应付不了，你这种人太过忠厚老实，又太过技术型，不求升官不贪财，人们可能会赞许你，但是，很多人未必喜欢你这种人，你不去千方百计升官发财，在当今社会环境下，你就一定会挡了别人的官运和财路，在这儿绝没有好下场，我不能害了你，能出国就出国吧。这的确是肺腑之言。我也很感激李总对我如此的知人善任。

年年六四，今又六四

——六四亲历记

本文纯属亲历纪实和随感而发，不涉及任何政治纷争和是非述评，热衷于政治辩论或派系划分者，请就此打住，另寻高就，以节约你我和大家的时间。

1989年春夏之交的那场风波，凡身居北京的高官也好，平民也好，青年学生也好，袖手旁观者也好，只要你还有思想，大概95%以上都或多或少，或主动或被动地卷入其中。

当时，我刚从呆了近二十年的不死不活的研究所离开，到一个公司任职，因工作需要，公司给我配了一辆车，虽然我自己有驾照，为安全起见，公司还是给配了一个司机。

4月27日，研究所一些积极分子向所领导要求，参加反对"426"社论，支持绝食学生正义诉求的游行，所领导默许了大家的要求，唯一条件是不许打单位的旗子。有不少中层干部也参加了游行。（由于所领导的消极抵制，后来秋后算账时，竟没有一个中层干部被处分。）我给公司打电话请了假，也参加了原单位的这次游行。算是唯一的一次直接参与"动乱"。

整个5月份，我几乎都出差在外，心里却一直惦念着北京的局势。"519"宣布戒严之后，空气越来越紧张。我归心似箭，第一次置工作于不顾，匆匆赶回北京。司机到机场接我回来，我说我要好好亲眼看看北京到底发生了什么事情，就先把司机送回家，开车直奔天安门。

广场上帐篷林立，旗帜飞扬。静坐的学生们或坐或卧，异常疲惫，但歌声和口号声，仍此伏彼起，斗志昂扬。可能是因为看见我开车过来的，突然一个学生拉住我说，有人报告六里桥出现大量军车，问我能否送他去那里了解一下情况。我回答，"上车，走。"十几分钟就到了。只见六里桥立交桥的最高点上，两辆坐满人的大型公共汽车，横在路中间，把高速路堵得死死的，后面是蜿蜒望不到边的绿色军车。车上士兵全副武装，疲惫不堪，面无表情，目光呆滞，有的干脆坐到车底下，摘下帽子扇凉。有些学生爬到车顶上，慷慨激昂地在讲着什么，也有的老大娘拿来西瓜和黄瓜之类东西，分给军人们。过了大约半小时，那个学生又找到我，说要回广场指挥部。在车上，他告诉我，这些军车是65军的，他们已经被堵在这里两天一夜了。士兵们也不知道来北京干什么，只说是执行任务，他们的枪里并没有子弹。

到了广场，那个学生刚下车，我又被一个老外拉住，他手里拿着照相机，肩上背着摄像机，汉语夹杂着英语着急地说，他是记者，他也有急事要到六里桥去，但是根本找不到出租车，说着，掏出一把花花绿绿的钞票，扔进车里，还没等我同意，拉开门就坐进去了，看架势是坐定了。我只好说，我可以送你去，但我不是出租车司机。结果一直到天黑，来来回回跑了四趟六里桥。

六月三号，是星期六。如果没什么特殊事情，通常我和太太都会带女儿去我父母家（或岳父母家）过周末。早晨，接我母亲电话，说军博前的长安街大道上停满了坦克车，（我父母家就在军博附近），今天可能要出大事，叫我们千万不要出门。我是当过兵，打过枪的。可我的女儿从来还没听过枪响，也许她这一辈子也未必有机会面对枪响。我跟太太说，让她在家等着，我要带女儿去见见世面，（也许主要是我不想错过这样的亲眼见证历史的机会，我曾经有幸亲历1976年天安门事件，我倒要看看，被中央文件钦点为"天安门反革命事件总后台"的邓小平如何在北京下令开枪屠杀曾经为他冒死请命的北京市民）。 当然我也会很注意保护我们的安全，我会每隔两小时和她电话联系一次。但是如果万一有个什么三长两短，我们总得有一个人活下去，把女儿养大，将来告诉她，为什么她没有了父亲或母亲。太太说什么也不让我们走。已经到下午了，电视和广播中开始反复播送北京市市长吴德的讲话和北京市政府紧急通告，说北京发生了反革命暴乱，要求广大市民不要外出，以免意外。我要太太照看好女儿，我自己去。

我驱车疾驰绕道公主坟。复兴大道上已是堆满了坦克车，复兴路上从空军大院起，集中着十几个总参各大军兵种的总部，载着全副武装士兵的军车从各大院里涌出来。从公主坟北侧穿过长安街，整整花了我两个小时，终于到了公主坟南端。这时听到一声清脆的枪响，紧接着是一连串冲锋枪的连发，听着像是射向天空的，奇怪的是，竟没有引起任何人的惊慌失措。我看了一下表，6月3日晚6点25分，在公主坟环岛，我听到了北京64屠城开始的第一声枪声。

我终于到了母亲家，还没有吃完晚饭，外面的枪声已经开始由远到近，由疏到密。有的子弹很清晰的像是击中院子里的什么物品。已经晚上9点多了，枪声像炒豆子一样噼噼啪啪，间或有带闪光的爆炸声。（据后来传出的消息：木樨地作为从西面进入市区的第一要塞，38军的坦克部队受到难以置信的阻隔，也有传言是38军消极对抗。以致杨家将亲自督战47军（此处有误，实应为27军，作者注，所以才有64之后，北京市民盛赞38军，怒斥27军），丢下坦克，徒步前进，不惜一切代价，杀开血路。木樨地22号，23号是两栋临长安街的20多层高的中央高干家属楼。说是有人向外开枪，杨家将下令，哪家亮灯，就用机枪把它灭掉，格杀勿论。）我最小的弟弟突然跳起来吼道："他妈的！还真开枪啦！不就一个死嘛，看谁有本事把中国人都杀光。"他抄起件衣服就往外跑。我妈死命拉住他不让他走，看来我妈是拼了老命也不准备让他走，我小弟弟也是拼了小命也非要出去不行。正拉扯得不可开交，我起身说："听我的，跟我走。"老妈这才算松了手。

此时已经是6月3日晚11点多了，我们来到军博对面一处和长安街交叉的小路口，只见长安街上灯火通明，恍如白昼，坦克轰鸣，枪声大作。一小撮像我一样的乌合之众，或爬，或蹲，或猫着腰，慢慢向长安街靠拢。突然一阵机关枪响起，打在旁边的墙上，噼啪作响，人们或马上趴在地上，或马上退回小路，枪声停止没一会儿，人们又慢慢聚集起来，再次向长安街靠拢，引发又一阵机关枪，如此反复像拉锯战一样。我们这些手无寸铁的暴徒竟没一个中枪。

我从初二开始就参加西城区射击队训练，初三那年，曾以10发95环的优异成绩获得北京市基干民兵小口径步枪射击比赛第四名。在部队里，有一年部队军官手枪50米年度考核，以全部十环名列榜首，获全军嘉奖。当时竟有一种冲动，想喊一嗓子："不行啊！38军弟兄们，准头不够哇。"又一想，如果对面兄弟仅仅是迫于命令，不得不开枪，只是想吓唬吓唬咱们，被我一激，一怒之下来个真格的，我们不得成蜂窝啦。

我毕竟当过兵，受过正规的军事训练，知道如何匍匐前进，而又避免被对面火力击中。终于爬到长安街边。近在咫尺的木樨地方向火光冲天，枪声响成一片。不时听到一声声爆炸，只见火光冲天，但很快就熄灭下来，我知道这是专门打坦克用的自制燃烧瓶，在1976年天安门事件当晚，就被北京市民广泛使用过，把空啤酒瓶之类，装满汽油，封好盖儿，就可以当手榴弹一样扔出去，即简单，又有成效。机枪扫射声渐渐东移向木樨地，此刻，不时有人从小路口冲入长安街，一会儿，又有人从长安街跑回路口，把背上背着的伤员往地上一扔，又返身跑回长安街，路口上有好几辆三轮车，人们把伤者抬上三轮车，立刻飞奔送到附近最近的原北京铁路医院。除了枪声，无人讲话，像一个配合默契的团队一样，每个人默默地做着各自的事情。枪林弹雨似乎与他们毫无关系。

6月4日早4点，我拖着疲惫的身子，刚回到母亲家，我妈就告我，昨晚正好是我大弟妹在铁路医院急诊室值夜班，她要我去医院接弟妹回家，我开上车，直奔铁路医院，看见我大弟妹正坐在急诊室门口的长椅子上，站都站不起来了。我详细看了一下她的值班记录，这一夜，经她手的急诊死伤人员一共234个，好多还只是中学生，也有许多外地人。其中死者121人，全部是枪伤致死，其中三分之一送来时就已经没有生命体征。其他大多是失血过多，抢救无效死亡。伤者中有三个是军人，两个是钝器击伤，一个是烧伤。死者无身份证明者，至此无人认尸者，尸体暂时都放在一个大房间里，我只向临时停尸间里瞥了一眼，大约七八十具尸体，横七竖八，面部狰狞，里面气味极差，我粗略算了一下，这一夜，我弟妹平均几乎每一分钟就要处理一个死者或伤者，难怪她累得根本站不起来了。

送走弟妹以后，我感觉头昏眼花，恶心极了，想清醒一下，也想在他们清理现场之前，能亲眼目睹一下熟悉的木樨地，并且立照为证。于是顺着军博门口向东迎着朝阳走去。放眼向东西两个方向望去，都是一眼望不到边的坦克车，车头都朝向东方，一些坦克车还在冒着白烟，个别坦克兵还站在车顶上，对照相的人也不加制止。长安街木樨地桥上，横躺着十几辆无轨电车，把路堵得水泄不通。桥东侧的长安大街上，不是横过来的公共汽车，就是被横过来挡路的一排一排，密密麻麻的长安街分割道水泥墩，有几辆坦克车看来是企图把水泥墩撞开，却不成想卡在水泥墩上，动弹不得，反而把路更加挡得死死的。有的公共汽车被烧成只剩下框架，个别死尸还躺在原地，我给这劫后木樨地拍照留念。脑中忽然涌现出这样的歌词："把我们的血肉，筑成我们新的长城。中华民族到了最危险的时候，每个人被迫着发出最后的吼声……"（据后来传说，在天安门广场6月4日凌晨一点，下令清场时，没有一辆坦克车是从西边突破阻截开过来的。屠夫们这次可能真的说了一次实话：广场上死人可能真的并不多，而市民死得最多的地方是——木樨地。）

她的名字也将和“六四”永存

　　杜宪，女，1954年9月23日出生于北京，著名媒体人，1980年代中国中央电视台《新闻联播》节目主持人，她的端庄大气，在前后几代播音员中，几乎无人能比。89年后被剥夺播音员职务。后任节目编辑，凤凰卫视节目主持人等职。

　　1989年6月4日晚上7时，杜宪和薛飞穿着一身黑衣，肃穆主播当晚的《新闻联播》。满脸泪光的杜宪出现在人们面前时，声音哽咽，无限悲痛。这种政治播音当中的真情告白，在中央电视台《新闻联播》节目几十年的历史中从未有过。薛飞，也是在播音中无法掩饰难过和愤怒。杜宪还语速缓慢、沉重地播报了关于《六四事件》以及戒严部队开入天安门广场清场等新闻。在全中国，全世界面前，发出内心真实的声音，仿佛是他们在被绑赴刑场前的最后的陈述。

　　在1989年春夏之交的风波中，杜宪、薛飞、张宏民等一群广播学院科班出身的一线播音员均义无反顾地支持学生的正义诉求。那些资深播音员如赵忠祥、李娟、邢质斌等其实也持同样立场，只不过多了几分世故罢了。但倘无他们的心理支持乃至《新闻联播》组当班官员的默许或佯作不知，杜宪、薛飞等人又怎能在历史的瞬间镜头里成为中国人民良心的象征？

"六四"以后，杜宪、薛飞、张宏民都领受了一纸停止出镜播音的"组织决定"。中央电视台高层迅速换马，由军方人士接管。对播音员也实行"掺沙子"，由来自军队广播电台的军人共同负责《新闻联播》.

其后，处于"准军管"状态下的中央电视台决定，杜宪和薛飞永远不得在中央电视台播音，出镜，不得在任何编导节目中署名。军管组要与每个播音员个别"谈话"。张宏民已接到了通知。杜宪正在发愁怎样应付这场"甄别"式的谈话，倒是薛飞的一个电话令她如释重负——"你甭著急了，谈话没有我们俩的份！"

杜宪的主播生涯就此结束了。她的家政水平因此而突飞猛进，每天挎著菜篮子逛农贸市场，于厨艺上渐有心得。日常除了学英语，就是相夫教子。陈道明得意地对旁人说："我们家杜宪呀，大家风范，荣辱不惊！"

投闲置散的杜宪终于接到一纸"组织决定"：调离播音组，去经济部作幕后编辑工作。她到经济部报到时，该部全体同人离座起立欢迎，鼓掌长达数分钟，令杜宪热泪盈眶。这则花絮成了上峰为之皱眉的"新动向"。后来当薛飞调到社教部时，电视台高层特别指示：不得搞任何欢迎仪式类的"小动作"。但据目击者说，薛飞报到那天，仍受到了"热情而不过份"的欢迎。

后来，薛飞决然辞职，远走匈牙利。杜宪有全国政协委员头衔，不能象薛飞那样一走了事。她在经济部又工作了三年，在节目的工作人员表上用的是化名——皓月。面对巨大的打击，她依然坚持"我心如皓月。"襟怀坦荡的杜宪开始钻研经济，又考进了中国科技大学干部管理学院的经济管理研究生班进修。

杜宪几年来"音容俱渺"，知名度反而更高，这恐怕是绝无仅有的。有关她的市井传闻，始终是众口相传的"热点"。

商战风云之一——战上海

（上海独资公司创立之战）

　　1992年的一天，我所在的美国WTC公司总裁陈总，约我去半月湾一家豪华海鲜餐馆用餐。我简直有些受宠若惊。我不过只是公司一个普通工程师，何以受此礼遇，我想一定有什么重大挑战在等待着我。

　　果然，在品尝海鲜大餐的餐前鸡尾酒时，陈总慢慢道来：多年来，他一直在考虑在上海建立一家美商独资企业，用于公司的设备生产和现场服务。一直苦于找不到一个打头阵的合适人选，以及足够的启动资金，一直拖到现在，已经迫在眉睫了。陈总反倒问我："你看咱们这些人里，哪个堪当此任？"我毫不犹豫地回答："也就数王副总了，我们初来美国时，她就是我们的项目经理了。"陈总说：你说得对极了，我也跟王总谈过好几年了，她个人倒是愿意，只是她还有两个年幼的孩子，她老公说什么也不让她去，而且话都说死了，要去先离婚再说。我看，除了王总之外，也就你还当过几年项目经理，有多年和客户打交道的经验，而且你又是搞技术出身的，建立设备生产和技术服务的独资公司是需要考虑许多技术细节的，怎么样，愿不愿意尝试一下？如果你同意的话，我马上提升你为公司副总，工资提升一级，如果你同意的话，给你三个月时间做准备，制定一个可行性报告和规划。至于启动资金，我已经用我的房屋，抵押贷款出150万美元。这笔款足够注册，首批投资和一年的运行费用。其它后续资金和持续发展资金，要靠你来想办法了。我已经考虑好几年了，这个任务很重大，很艰巨，这个重大决策关系到整个公司的命运和发展。我相信你绝对可以胜任。我回答说：的确事关重大，我也得好好考虑一下，和家人仔细商量商量，两天后我给你答复。

在美国几年的耳闻目睹也教训着我，太过技术型，年届五十还在继续作程序员，工程师，虽然省心，也真未必就有好下场。也不妨借此机会，趁着还有些精力，开创一条新的人生之路。

陈总看出我在犹豫，于是加码补充道："派你到上海去，是全权代表美国公司，在独资公司创建的谈判过程中，你有现场先斩后奏的决定权。创建一个高科技产品研发制造独资企业，绝不会只是一年半载的，你要为此做出很大的个人和家庭牺牲，我除了提升你为公司VP之外，每月美国工资照发，再加一份中国工资。如果你还有什么难处可以直接跟我提出来，一切都可以商量。我已经给你物色好了两员大将，来辅佐你，一个是刘会计，她在另一家上海外资企业工作过五年，有丰富的经验和人脉。另一个是你的老朋友——广东省电力局副总工程师赵总，可以作为未来公司的CTO，他在市场，开发和生产等各方面的能力，你比我更了解。你的首要任务就是：尽快和他们两位谈好具体聘用条件，把公司框架搭起来。"

两三个月以后，当我在夜幕中走出上海浦东候机楼海关，看到刘会计打着牌子来接我，还带来一位秦助理，一路上，刘会计就有关调转的细节以及近期计划安排，与我进行了磋商，我很欣赏刘会计这种办事雷厉风行的果断作风。她们已经在上海漕河泾开发区管委会宾馆为我预订好一个套房，所有住宿、餐饮、会议室的使用，以及健身房、游泳池、甚至台球馆、保龄球馆等一应开销，都可以签单，秦助理这一阶段就帮助我处理所有的事务性工作，包括各种文秘事务，安排所有的旅行，机票，预订旅馆，安排会见等。

几天以后，我们搬进漕河泾一套办公室，刘会计还另外带来两位得力助手，才几天功夫，筹备组的架子已经搭起来了。于是我安排由刘会计负责，一周内完成上海独资企业的注册准备工作，以及高科技企业申办手续，两周以后等我回来马上进行注册申办。我则全力以赴，争取尽快把赵总调过来。所有事物中，人是第一重要因素。

一星期后，我在广州和赵总对坐在一家农家乐餐厅，这里最有名的是"全菇宴"，所有荤素菜肴全部是由各种云南菌类制作而成。赵总三十出头，从北京电力学院自动化系毕业，到广东电力局快有十年了，几年前，广东省电力局引进美国的一套计算机输配电自动化调度控制系统，赵总当时作为电力局自动化科长，带领一帮工程师们到美国接受技术培训，历时一年，当时那家美国公司，苦于懂中文的人太少，就把我们聘用过去担任讲师，每天接送他们来公司上课和照顾他们的日常生活。大家朝夕相处，一起过圣诞，春节一起包饺子，真可谓亲如一家。回国后，赵总事业上蒸蒸日上，家庭却遭遇不幸，两年前离了婚，独自带着一个6岁的儿子。他一直想离开这块伤心地，调回北京，哪知广东省电力局死活不愿意放他走，先是把他提升为调度局总工，后来又被提拔为省局副总工程师。

黄总说：说实在的，我是决心要离开这块伤心地。我本身也是很愿意去上海外资企业发展的。为此，我也已经作了不少努力，上次北京电科院调我去北京，我们几位主管副局长都已经同意了，只有刘局长说我是他多年重点培养的对象，准备要我接他的班，死活不放我走。刘局长这一关恐怕很难通过。我对赵总说：你抓紧时间，再做一做总工程师的工作，刘局长这一关我来想办法，刘局长也是惜才如命，才不愿意放你走，任何事情既有它不利的一面，就一定还有它有利的一面。只要寻找到正确的应对策略，总会有办法的。如果这两个关键人松了口就好办了。

一周以后，我如约来到广东省电力局刘局长办公室，缘由是洽谈电力市场自动化合作事宜。我和刘局长也是老相识了，一见面，刘局长也不见外地说：荆总，我可得给你提个意见了，我们订购的电厂变电站的RTU智能终端，等着急用，可是你们订货周期得要一年时间，我们实在是等不起呀，能不能给我帮帮忙开个后门，半年交货。我也故意打哈哈道：刘局长，我也正为此事想来请你帮帮忙。我们公司正准备把智能终端生产线搬到中国来，这样的话价格和供货周期都可以减少一半儿，大家的问题就都解决了。赵总在您这儿已经工作十年了，最近遇到些不顺心的事，一直情绪不高，您能不能放他一马，让他到我们上海独资公司做技术总监，外资企业没有那么多条条框框，有足够的空间可以让有才华的人来施展聪明才智，我很理解您爱惜人才，不愿意放赵总走，也是为了赵总的前程着想。您也应该知道，到外资企业，没那么多条条框框，赵总更能够做出比在国营企业更辉煌的成就，取得更远大的前程。你们这批试点用的智能终端，我保证一个月内给你发到广州。

看刘局长没有马上驳回，我乘势拿出一份准备好的广东省电力局电力市场自动化合作协议书，交给刘局长说：电力部要求今年各省局要开始电力市场自动化试点，明年全面铺开。已经有五个省电力局和我们在洽谈合作事宜，我们公司觉得广东省电力局是全国发展最快的省局，为加快电力市场自动化进度，我们可以免费先为广东省电力局提供一套电力市场自动化系统来试用，用户满意再交费购买，这样广东省电力局将在全国率先开展电力市场自动化试点。如果成功的话，对广东省局，以及对您个人都是一大政绩。用赵总来换取一个全局的辉煌业绩，是完全值得考虑的。听说您的女儿正在准备出国读研，我们不知可以尽些什么力，至少可以作个经济担保吧。您仔细考虑一下，我等您的进一步消息。

经过几轮磋商，两周以后，广东省电力局办公会议，批准了我们提交的"广东省电力局电力市场自动化合作协议书"，刘局长也终于同意放赵总一马。我问赵总：你自己还有什么顾虑和个人要求？赵总犹豫半天，才说：公司能不能在将来为我解决一个上海户口问题？这可是个棘手的大难题。我略一思索回答：我马上让上海方面查一下相关规定，应该也是有办法的。我很理解，人家放弃大型国企司局级前程，到我们这个名不见经传的初创公司来，也是冒着一定风险的，这个要求可能很难办到，赵总也说：只要五年内公司尽力办了就可以了，谁也不能保证一定可以办成功。看来已大功告成，我也是个急性子的人，当下就代表公司和赵总签下了聘用合同。

赵总向我建议： 既然要搞智能终端生产线，一定要有一个有能力全面抓起生产制造的人，他说如果能够把上海自动化仪表厂的江总弄过来，就万事大吉了。江总原来是上海知青，返回上海后在一个街道小厂做学徒，由于有知识，有文化，爱学习，肯钻研，领导能力强，不久就被提拔为厂长。几年之内，竟把一个上海街道小厂，发展成一个颇具规模的市属自动化仪表厂，成为上海市仪表局先进企业，他们的产品质优价廉，售后服务又极受好评，在电力系统已经颇具名气。我和江总没有直接打过交道，但是有关江总的事迹，早有所闻。

半年以后，赵总，江总已经到位，各部门的架子已经初步搭好，我把智能终端生产线的100多张图纸，交给江总，要求他想办法，在一个月之内，把每块印刷电路板的元器件表逐一审定一遍，虽然第一批产品仍然采用大散件组装，但是一定要为下一步全部自己加工做好准备，因为元器件的国产化和采购也需要相当长的周期，但是生产是等不得的。江总跟我的脾气差不多，也是那种只要交代给他需要做什么，其它你就一概不用操心了的人。智能终端机柜是一个长宽各一米半，高两米的庞然大物，江总采用竞标的方式，由全国十多家机柜厂在一个月内做出竞标样品和报价，最后确定一家长期合作伙伴。成本只有进口机柜的四分之一，并且完全遵照中国电力部自动化仪表标准，深受用户好评。

1993年11月，时任上海市市长的黄菊赴美主持第五次上海市市长国际企业家咨询会议，带领上海市外经委主任途径旧金山，举办上海硅谷高新技术企业招商会。据刘会计得到的内部消息，为凸显这次黄菊市长访美的成果，凡是在招商会期间签约或增资100万美元以上的硅谷美资企业，可以获得额外的一年免税，三年减税，并且可以应邀与黄菊市长在美国共进午餐。由于上海的前两任市长，江泽民已经是当时中国党政军最高领导，朱镕基则出任总理，现任市长黄菊的前途无量，很快将进入最高领导层，只是时间问题。再加上额外的"一免三减"，光经济上就获益匪浅。同时这笔政治投资也绝对值得。而且目前智能终端生产已经展开，急需扩大加工厂房和系统调试车间，眼见上海市房地产腾空飞跃，此时买下房产也绝对是极好的资产投资。我们公司全体上海成员，在我带动下，集体上书总公司，建议陈总切不可错失良机，如果资金不足，大家同意集资，陈总还可以把前几年买下的两套上海住宅卖掉，换成100万美元变成对公司增资，用来购买生产和办公用房。从政治经济各方面来讲都是难得的好机会。陈总权衡利弊，终于同意了我们的建议，（后来陈总还真当上了黄菊市长的座上宾，我们公司还被邀请获得免费一年的美资上海商会会员，这一项一年就节约50万人民币。）但条件是：生产所需的几百万人民币流动资金问题，我们必须自己再想办法解决。刘会计那里可以用厂房抵押贷款解决50%的流动资金，我则考虑把赌注押在第一个RTU散件大客户——河南省电力局30台智能终端的订货上。我们可以适当地给予价格优惠，争取得到尽可能多的预付款，起码第一批产品的流动资金就可以完全解决了，以后生产销售纳入正轨，就可以形成良性循环了。因此这第一关，河南省电力局的30套订货合同成了决战胜负的关键。

我是属于那种天生不大爱冒险的人，这次竟然敢于把这么大的赌注押在河南省电力局项目上，主要是基于对谈判对手的深入了解。河南省在全国属于工业不发达省份，河南省电力局也向来不大受电力部重视，由于很难得到电力部拨给的外汇指标，河南省电力局发电输电配电自动化系统建立的很晚，而且采用的是国产系统，今年省电力局给调度局批下200万人民币的场站智能终端配套改造资金，按当时美元对人民币1：8 的比例，只够买10台进口智能终端，即使买我们的散件组装终端，我们的成本价是10万人民币一台，也只够买20台的。但是河南省50多个发电厂和大型变电站，至少一多半要配备上智能终端，也就是说要用200万人民币买30台智能终端，才有可能实现基本的全省自动化控制。省局给自动化处李处长下达任务，今年一定要完成，资金不够自己想办法解决。合同谈判主要由远动科张科长负责。这位张科长，我已经和他打过多年的交道，属于那种典型的河南人的死心眼儿，咬住一个理儿死活不放。那位主管的李处长，脑子要活络得多，但鬼心眼也多，两个人都不大好对付。赵总告诉我，李处长是他的大学同学，比他高几届，可以由他来摆平李处长。我只要集中精力对付张科长就行了。艰苦的合同谈判持续了三个月，还是谈不下来。双方的理想期望值差距太大。"十一"长假一过，马上就是新年春节了，我也是心急如焚。最后我向张科长，李处长亮了底牌，我的底线是，合同预付款50%，200万人民币可以买20台智能终端，对方预付款每超过7%，我可以白送一台RTU给你，大家各退一步，你们好好考虑一下吧。直到新年前一天，也没见他们答复，我决定索性回美国度假去了。

陈总见我河南RTU谈判还没完成，就回美国来了，有些不高兴，我告诉他，跟河南电力局谈判，与其他电力局不一样，我等了三个月了，他们还不着急，我这是"欲擒故纵"，你不着急，我也先不着急，看最后谁更着急。我心里有底。中国国有企业的钱都是国家的，今年给你的预算，如果钱花不出去，过年作废，（以三月一号作为每个预算年度开始）来年重新申请，到时候给不给你还难说呢。因此国有企业年终突击花钱是年年如此，我们吊足了胃口，谈判才好进行。

果不其然，新年刚过，一上班，李处长一个越洋电话直接打到陈总办公室，要求尽快与我见面。我向陈总汇报了我的预订策略后，马上飞回上海。

这次谈判选在上海进行，这样会增加对方的紧迫感。我的航班由于东京机场突遇暴风雪袭击，又被延误了两天，赵总给我来电话，说李处长已经像热锅上的蚂蚁一般，急不可耐了。我说还要沉住气，要的就是这个效果。

真正谈判起来，对方还是斤斤计较，距春节只有十天了，我授意赵总给李处长放个风，说荆总已经订好下周回北京过春假的机票，这两天再谈不下来，就等春节以后再说吧。李处长顿时急了，"春节长假一放，二月份就没了，哪儿还有时间啊？"赵总趁机火上加油："调度局今年好不容易给你们争取到200万人民币的自动化改造资金，你们要是错过机会，会给全局的自动化改造扯下后腿的，部里怪罪下来，你的处长还想不想当了？"这一下正戳中要害。李处长赶忙请赵总帮忙，双方再各让一步，回去也都好向上面有个交代，争取这两天就草签协议。

最后，以30台RTU总计200万人民币成交，对方先一次性支付85%的合同款。我对李处长说：你们把预付款捏在手里，对你们没一点好处，提前支付给我们，我方等于白送你10台RTU作回赠，你等于用20台的钱买回30台，局里不得好好奖励你。

春节刚过，接到李处长的电话，说局长办公会议上已经通过了协议，只是主管财务的副局长提出异议，说合同一生效就先支付出170万，风险太大，因此要求除了违约罚款外，还要有合同担保。我让李处长去哭穷，诉说好不容易才谈下来，千万要抓住机会。另外我可以提供一份由上海市经贸委出具的以卖方自有厂房做担保的合同担保书（实际上，这里有个猫腻，因为我们的厂房已经作了银行抵押贷款）。又经过好几天的周折，在接到我们的担保书后，对方欣然接受，结果皆大欢喜。

这一下，我们上海独资公司科研生产厂房有了，第一批产品启动资金也有了。一年以后，河南省局30台RTU如期交货。公司已经完全纳入正轨，综合研发，生产，销售，现场安装服务，具有上百人的规模了。

商战风云之二——辽沈之战

（创建沈阳合资公司）

1995年，已经谈判了一年多的沈阳合资公司，遇到了一些麻烦，美国WSC公司总经理陈总要求我尽快移交上海的工作，陈总会亲自到上海来担任上海总经理，公司除了开发以外，其他所有工作重心都要转移到上海。要我立刻到沈阳接手，争取把沈阳合资公司尽快建立起来。

合资中方是位于沈阳的东北石油管道总公司。东北石油管道总公司是为解决东北大庆油田石油管道输出的运输问题，而专门成立的一个国营大型企业，现有30多万职工，企业包括石油管道运输设计院，管道钢管厂，石油管道工程公司，石油机械厂等几十个大型企业，以及大庆——铁岭，铁岭——大连，铁岭——秦皇岛三条管道石油运输线。他们找到我们美国公司谈合资，主要是要为这三条石油管道运输线，配备计算机监控和自动化管理系统。中方沈阳总公司的自动化处和设计院自动化室已经有几十个工程师从事石油管道自动化工作多年，在此基础上，与我们合作可以大大加快自动化步伐，争取在中俄输油管道全线建立之前，有一个飞跃发展，以适应成倍增长的东北石油运输需求和高效安全管理能力。

根据一年多来谈判情况介绍，关键在于中方主要目的是想培养出一批自己的石油管道自动化力量，达到自己能够设计，生产，使用，维护这套计算机系统和配套设备。而美方则想要拉出这只队伍，成为一个在美方总公司控制下的，以开拓中国西部石油管道市场，现场服务，使用维修为主的独立石油管道自动化公司。因此在许多具体问题上，各说各话，总是谈不拢。

根据上述情况，我向陈总建议：今年中方总公司赶上换届，刚调来一位比较年轻的技术型的总经理，比以前的领导更具开拓精神，对合资谈判是个好机会。如果让我接手这项谈判，我们应该改变策略，因为石油管道自动化也是我们的新领域，我们不妨先做些让步，把公司先建立起来，争取拿下中方总公司管辖下的几个输油管道自动化工程项目，首先靠卖系统，卖设备，卖服务，比较有把握地先赚上一笔钱，我们也可以借此熟悉石油管道自动化的特点，锻炼我们的队伍，同时考察中国石油管道市场发展潜力和中方队伍的实际能力，再作进一步长远规划。如果刚开始谈判，合资双方期望值就抬得过高，即使谈成了，以后也会纠纷不断，同床异梦，不欢而散。合资和独资的管理是完全不一样的。

经过几轮磋商，陈总最后终于同意了我的分两步走的建议。

　　我深知，在中国做任何事情，都讲究"人情"，这就是最大的中国特色。人情顺畅，才能事事顺畅。真如红楼梦里贾雨村的"护官符"所言：若在金陵为官，就得先深入了解金陵"贾史王薛"四大家族内幕及其相互关系："賈不假，白玉為堂金作馬。阿房宮，三百里，住不下金陵一個史。東海缺少白玉床，龍王請來金陵王。豐年好大雪（諧音薛），珍珠如土金如鐵。"這四家皆連絡有親，一損皆損，一榮俱榮，扶持遮飾，皆有照應。而我现在还是两眼一抹黑，只知道具体谈判主要对象是设计院和总公司自动化处 。于是，我决定95年春节就在沈阳过，还没接手工作，就先交几个合资中方的朋友，了解一下中方各部门的内部关系，才能准确判断出谁是什么问题的关键。关键关系疏通了，才能一通百通。

　　95年春节前夕，我独自一人飞到沈阳。虽然我在哈尔滨生活过多年，但是过惯了"加州阳光"的四季如春，东北的寒冷已经完全不适应了。由于机场大风雪，飞机延误了两个小时。中方谈判代表——东北石油管理局设计院负责自动化的副总工程师，兼局自动化处处长朱总，到机场接我直接到公司沈阳接待宾馆，公司的几位局长副局长，总工和副总已经在宴会厅休息室等我好一阵子了。除了满桌的菜肴，最显眼的就是10瓶号称白酒之王的"酒鬼酒"。即使是在争吵打架之前，中国人的礼数还是做得非常到位。

　　东北人喝白酒，从来不用小酒盅，用的是大号玻璃杯，一斤装一瓶的白酒，正好能倒满两个玻璃杯。自从到美国以后，我是滴酒不沾，而且朱总在来时的汽车上就叮嘱我，千万不要暴露能喝白酒，否则会喝得下不来台的。因此我推说长时间坐飞机，体力不支，一口白酒也不能喝。总算领教了东北人的"关系浅，舔一舔，交情深，一口闷"。我观察了一下，除了局长之外，其他几个副局长，加上总工和副总，个个都是酒量过人。

春节那天，朱总邀请我去他家里小酌。我才了解清楚，中方具体的谈判代表是设计院唐院长和朱总，谈判总负责人是主管生产的于副局长。朱总也向我坦诚，他本人是非常愿意尽快把合资公司建起来，唐院长是老石油出身，对自动化一窍不通，脾气比较暴躁，但是只要给足他面子，什么事情都好商量。最大的障碍，是局总工程师范总。范总是北京石油大学第一届自动化专业的毕业生，局里唯一的科班出身领导，身高1米8以上，总着一身西装，也算的上一表人才。他手下有一批捧场的。局里第一条输油管道自动化系统——铁岭到大连管线，就是他牵头从美国霍尼韦尔公司引进的，他五次带队去美国霍尼韦尔公司考察签约和引进培训，都是挑他的亲信，这帮人大部分为的是出国开洋荤去，回来以后根本玩儿不转，加上系统本身的不完善，花了那么多钱，还经常是走走停停，弄得局里怨声载道，也不知霍尼韦尔怎么买通范总的。

霍尼韦尔在中国玩儿这套，驾轻就熟，但是大家也只不过是说说而已，谁也没有确凿证据。后来朱总他们自动化处，参照美国霍尼韦尔的系统，为铁岭到秦皇岛管线，自己搞了一套自动化控制系统，却屡屡遭到范总的刁难，自动化处里的人都憋着一股劲儿，全力支持尽快成立合资公司。这次局里决定由余局长，唐院长和自动化处朱总负责合资公司谈判，几乎没有范总什么事，范总也是一百个不乐意。因此他的刁难和阻挠是少不了的。朱总说对付范总，得用点儿手段，范总有两大致命弱点，一是贪财，二是好色。把他这两大弱点套牢，恩威并施，该给他的好处给足，该敲打他的时候，绝不手软。

朱总建议我趁着春节假期，先去拜访一下于局长，于局长才是最关键的人物，双方尽量在私下多沟通一些，因为有些话在办公室里是不好说的，在家里交流就可以随便一些。虽然我的角色是于局长的谈判对手，但是也不得不佩服，于局长的确是一位一心为国家利益，难得的具有远见卓识的领导，他说：成立合资公司就是为了培养一只自己的开发维护队伍，不然的话，引进再好的系统，如果我们不能自己掌握，不能维护发展，还要靠国外，那我们永远只能跟在外国人屁股后面。俄罗斯到东北的输油管道正在紧锣密鼓的谈判中，我们一定要赶在时代前面，尽快建立起自己的技术队伍。合资公司的建立已经是刻不容缓了。

另外，自动化处还有两个前几年分来的研究生，将来可以作为合资公司的主将。趁着春节，朱总带我去对他们进行家访。这两个研究生一个是学软件的，另外一个是学硬件的。经过一番交谈，发觉两人都具有相当的自主开发能力。加上朱总的热情正直，很会处理各方面的关系，是个难得的助手。看来他们这个班子还是不错的，这就更坚定了我的信心。先把合资公司架子尽快搭起来，以后的事情再一步一步走。

果然，在春节后的第一次的局办公联席会议上，范总又跳出来大谈一通世界石油管道自动化格局，说要合资也应该和霍尼韦尔这样的大公司合作。其他领导当时可能也不好当面薄他的面子，没怎么讲话，我可是不客气，反驳道，美国霍尼韦尔的确是老牌自动化公司，但是他们愿意跟你合作吗，局里花了那么多钱，引进他们的系统，可是最后你们向他们要维护用的图纸，他们给你了吗？一句话：不能给。你还能指望他们把技术传授给你吗？最近局里和霍尼韦尔公司谈判购买系统备品备件，他们狮子大开口，结果局里不得不用比原来高三倍的价格购买，因为他们很清楚"只此一家别无分店"。自动化处为解决霍尼韦尔系统所没有的"清管器自动控制软件"，要求霍尼维尔提供软件接口代码，要自己开发，被霍尼韦尔一口回绝。这样的教训还少吗？范总一看，我才来了没几天，就把它的老底摸得这么清楚，正戳到他的痛楚，立刻就打蔫了。

后来还经过几次交锋，范总不得不服了，他在局里算是自动化技术大拿，谁也不敢挑战他。但是谁让他撞到我枪口上，我虽然不如他高谈阔论，但是我毕竟是在第一线搞了二十多年的自动化系统开发和实际应用，担任过几十个自动化工程项目的项目经理，又在美国接触到最新的技术成果，技术上，只有我难倒他，没有他难倒我的。此后，范总也不怎么敢肆无忌惮地刁难我们了。后来又多次拜访过唐院长，我私下对他说，合资公司成立以后，我会代表美方提议由唐院长担任合资公司董事长，唐院长表示他也非常愿意。

扳倒范总这块绊脚石，合资公司谈判一路顺利进行，美国WSC总公司陈总亲自来沈阳签约。陈总很精明，坚持可由中方派遣第一届合资公司董事会董事长，但总经理要由美方派遣。

我和陈总商议，由他代表美方提议聘请唐院长担任合资公司董事长。美方总经理由上海派遣秦总工程师来担任。经过几番磋商，中方坚持，因为初创时期困难很多，我与中方人员已经很熟悉了，一定要求由我担任第一任总经理，（我本人是不愿意长期离家，孤身一人在外的）待合资公司走上正轨以后，美方再另外派人接替我。

我要求局里第一年先免费为公司提供一套办公室，一年以后我们再自己解决办公生产场地。 局里为了照顾我的起居，还特意免费为我提供了一套住房。下面一个重大决策就是确定合资公司人员和两年规划，主要由我负责安排。聘请朱总担任合资公司第一任副总经理。第一期人员包括一个会计，十来个原自动化处的技术人员。我主要负责日常运营管理，找项目，谈合同，朱总负责项目实施。

合资公司正式挂牌开张了，首先是要想办法尽快挣出能够自己养活自己的钱。局里早就在筹划要把局里各办公室的计算机联网，本来准备要包给外面公司，经过唐董和朱总的努力争取，最后决定由我们合资公司来承担，作为合资公司的第一笔收入。这期间，我发现当时中国国内的PC机系统还落后于美国好几个数量级，386PC机在国内还一机难求，486，586更是天价奢侈品。这是一个很好的机会。于是我趁着回美国的机会，买回20多套386，486主机芯片，其他配件在国内和香港大都可以搞到。于是又组织了几个人，建立一个PC机组装销售维修团队，一方面积累资金，另一方面还能培养锻炼技术队伍。半年内，这两个项目下来，一下子就积累了好几万元的资金。没想到还有个意外的收获，就是网络安装和PC产品使我们名声大振，有不少外面的公司机构主动找上门来，要求我们承担。这一下可把朱总高兴坏了，他做主花了一千多块钱，给我买了一套"老板台"和大转椅，我当时还批评他太过奢侈，他却说，这种"形象工程"很重要，人家来洽谈业务，一看你这个气派，就先相信你一半了。

有一次，范总个人的一台PC286计算机坏了，来找我们帮他修理，我们检查了一下，修起来要花不少钱，朱总和我商量，是否把新组装的PC386机送给范总一台。我同意了，就叫朱总去办理。把范总给高兴坏了。

光想挣钱，并不是什么难事，但这不是我们的目的。于是制定了一个计划，轮流派两名技术人员到上海去边工作，边培训。

还有一个小插曲，最离谱的是，刘会计的一个同学，从广州给她发来200件不同规格样式的出口转内销的蚕丝羽绒服，按批发价在东北是出奇的便宜。正好我们公司有一个人的朋友在沈阳"五爱市场"摆地摊。我们拿了几件到"五爱市场"去试销，竟然非常抢手。于是鼓励大家周末去帮助叫卖，去一天，可以免费拿一件。大家热情还很高。

半年后，局里进行铁秦线自动化改造工程，由于铁秦线使用的场站终端是在国内一个工厂定制的，元器件老出故障，反应速度也不够，为适应生产需要，得用新的RTU取代老的。于是这项工程顺理成章的就由我们合资公司承包。由于我们一下子订购20多台RTU，同时我征得朱总同意后，多给上海一些预付款，上海公司给我们很好的优惠价和交货期。半年内完成，一下子就收益30多万。

朱总鼓动我给合资公司买一部轿车，一来平时迎来送往，可以大大提高公司形象，二来，输油管道站点大都在荒郊野外，现场维护来往交通是个大问题。三来，自己有车既方便，又省钱，还能大大提高效率。我知道，他主要还是为我着想，我孤身一人在沈阳，每天挤公车，既耗时，又费力。经过董事会协商同意后，我托上海公司很快帮我们订购一辆桑塔纳轿车，并装船运到大连。

我们制定了一个计划，要求公司每一个人，自己安排时间，争取在一年之内，都考取驾驶执照，上驾校的费用由公司承担，但时间要自己在业余挤出来。事后证明，"每个人都要能开车"这一决策是绝对英明的。我们的技术人员每次下现场维护，以前一般都要三个人，平均花一周左右时间。现在，只要一个人，平均两天就能一个来回。由于服务及时，单此一项，就多次受到局里表彰和奖励。

尽管工作很辛苦，大家热火朝天，各司其职。眼看着公司一天天成长壮大。五一长假时，公司组织员工，邀请董事会成员，大家一起到大连著名的风景区——冰峪沟去度假。这也是增强公司凝聚力的手段。

一年以后，东北最重要的一条输油管线——大庆到铁岭输油管道自动化项目国际招标启动了。无论对于美国WSC公司还是我们合资公司，也是我们准备了好久的一个重大项目，最后决定，由WSC总承包，合资公司分包部分特殊应用软件开发，

以及现场安装服务和一年维护保修。可以说这个项目的成败，
是决定我们合资公司生死存亡的决定性一战。成，我们则在中
国石油管道自动化公司中，占据领先地位。败，则恐怕以后很
难在这一领域站住脚，因为它就发生在我们家门口，我们绝不
可错失良机。有好几家美国欧洲公司，以及中国自动化公司参
与竞标。主要老对手，还是美国霍尼韦尔公司。它仗着与石油
部多年的深层关系，（石油化工部的90%自动化工程项目都是
霍尼韦尔承建的），把谁都不放在眼里。而且，东北局的另一
条最重要的输油管线——铁大线，就是他们承包的，他们与东
北局本身，也有多年的深厚交往和根基，所以他们一直认为事
在必得。

果不其然，范总从一开始就成为鼓吹霍尼韦尔的急先锋。

从客观实力来讲，我们的确不如霍尼韦尔公司。但霍尼韦
尔也有它致命的弱点。只要我们能充分利用他们的弱点，加上
有针对性的有效策略，是完全可以战胜他们的。首先，霍尼韦
尔公司绝对不会答应提供软件代码，他们会以保护知识产权为
借口。其次，霍尼韦尔不会同意额外开发中国必须的特殊应用
软件。第三，霍尼韦尔提供不了中国用户广泛要求的24小时维
修响应时间。而我们在这三个方面都可以充分满足用户要求。

从评标打分开始，范总就一直在强词夺理，兴风作浪。公
开宣称：要求提供软件代码，提供中国特需的应用软件，以及
24小时维修响应时间是不合理要求。 评标总结报告出来以后，
因为对霍尼韦尔不利，范总作为评标组长，千方百计拖着，就
是不签字，至使评标一直没有结果。大家都很气愤，但也实在

没什么好主意。一直拖了几个月，到过年了，局里举办新年舞会。范总喝了个酩酊大醉，舞也跳得越发得意。朱总悄悄跟我说："机会有了，范总这小子玩儿过头了，忘乎所以，敬酒不吃吃罚酒，蛮不讲理玩儿邪的，我还就偏不信那个邪了。我们也用不着客气，我给他设个局，好好教训教训他。既然他撕破脸皮，硬跟咱们过不去，咱们也不妨帮他把脸皮再撕大点儿。一切由我安排，我只是先给你打个招呼，也不管你同意不同意，万一事有败露，你就装做一问三不知，天大的事我来扛着。"原来，范总在大连有个老相好，局里几乎尽人皆知。朱总暗自吩咐了一个心腹之人，连夜开车去把范总的老相好从大连接来沈阳，说是范总有重要事情要和她商量，到了宾馆，范总的老相好跟服务员说，范总让她在宾馆房间里等他。后来发生了什么，谁也说不清。只是等后来传到我们耳朵时，已经演绎成这样的版本：

当晚，范总的老相好不知为什么和老公刚打了一架。把老公从被窝里给赶到外面去了，等她老公回家一看，老婆竟然不辞而别，说是到沈阳去有紧急任务。她老公对老婆的风流韵事，早有所闻，此番又正赶在气头上，醋坛子更是火冒三丈，自己一个大男人，什么也不比别人少，凭什么自己1米68就要比人家1米86，做人都矮一截。于是第二天一早，范总老相好的丈夫追到沈阳来，堵在宾馆门口，说是大连站技术科连夜赶来，有紧急事务向范总汇报，服务员也不敢怠慢，立刻帮助敲开范总的房门。范总也是得意忘形，正此"春眠不觉晓"，竟被无端骚扰，坏了我的好事，正准备大施淫威，竟然忘乎所以地开门大声训斥服务员，没承想，正好让老冤家来个捉奸在床。此事一时闹得沸沸扬扬，惊动了局领导。范总脑袋上也贴了好几天胶布。他的尾巴也好一阵子再也翘不起来了。最后还是迫不得已，老老实实地在评标报告上签了字。最终，WSC夺标，我们合资公司分包了全部的现场安装调试，特殊应用软件开发，以及一年的保修服务，由于服务及时，维修到位，有效地保证了系统实时运行，局里又续签了五年维修服务的长期合同。设计院也从原来的单一管道设计，发展到包括自动化控制系统的成套设计服务。唐院长也一路被提拔为副局长。

又过一年，我代表美国WSC公司和沈阳合资公司，又拿下了新疆克拉玛依到乌鲁木齐的输油管道自动化项目，此是后话，容另行讲述。至此，我们合资公司也发生了天翻地覆的变化，我们总共就三十来个人，在四年多的时间之内，和上海公司一起，不但完成了几个重大工程项目，培养了一只技术队伍，还积累了差不多一千多万元的资金。朱总和我商议，经过董事会批准，趁着当时国家各地房地产的大发展，合资公司在沈阳地标，著名的"北方大厦"，买了一层楼做办公生产用房，同时也作为公司长期投资，还为新员工买了几套公寓做贮备。要知道，当时房价才3，4千元一平米，作为国家企业的管理局是不能插手的，而我们则可以有更大的自由度。经各方同意，第三届董事会，选在美国总公司召开。途径夏威夷，由合资公司出资，在夏威夷休假一周，只可惜于局长已经被提升到石油部去了。我的任期也就此圆满地画上了句号。要是没有于局长，唐院长等人的鼎力相助，没有朱总的悉心辅佐和照应，是不可能取得如此成就的。现在回想起来，最大的遗憾，就是没有在公司成长最初几年，实行公司股份制改革。当然，由于长期紧张的生活和工作，我也为此付出了沉重的代价，本来就是疾病缠身之躯，已经很难再支撑下去了。

写在小说《假做真时真亦假》前面

小说《假做真时真亦假》字数大约27000字，按通常分类，应算作中篇小说中的短篇。故事梗概和写作过程如下：

美国CDS公司市场总监，开发部主任，麻省理工学院客座教授秦刚，受命参与中国新疆石油管理局克拉玛依——乌鲁木齐石油管道自动化计算机控制项目国际招标，在上海SGC公司和克拉玛依油田一对维族双胞胎姐妹——克拉和玛依的帮助下，通过斗智斗勇，赢得了招标项目，又突破重重障碍，使工程顺利完成，最后几经周折，有情人终成眷属。

小说主要根据作者本人的一段亲身经历改编。本人曾作为美国WSC公司副总裁和市场总监领导和参与了中国新疆石油管理局克拉玛依——乌鲁木齐石油管道自动化计算机控制项目国际招标，与国际知名的老牌自动化公司等竞标（包括德国的Siemens和美国的Honeywell，即故事中的Semens，和Honeyvell公司，为避免不必要的麻烦，特将这些公司名字改变了一个字母），WSC夺标后我又作为项目总监完成该项目实施的全过程。故事中的克拉玛依油田总经理刁总和Honeyvell亚太区总裁兼中国公司总经理尤浩之（姓名都已经改过）都是当时我必须时时面对和斗智斗勇的对手，小说中的偷换传真，电话被窃听，以假的投标报价迷惑对手，赛诗会和拼酒争签字等细节都是亲身经历的，小说中的许多重要情节和主要人物都是有原型的。本小说在写作上还很粗浅，我只觉得该小说是一个很引人入胜的故事，如果哪位有经验的剧作者能把它改编成电影剧本，将来能由一位能歌善舞的维族女演员饰演双胞胎姐妹克拉和玛依，以及她们的母亲，一人饰三角，加上新疆异域风情，以及美国波士顿，休斯顿和西雅图等异国风光，将会是很好的卖点。该小说最早定名为"商战风云"，后来有经验的朋友建议改为"克拉——玛依之歌"或者"达坂城的姑娘"，我还是觉得"假做真时真亦假"可能更贴近故事情节。前面其他几篇商战风云系列小说，成书过程基本相同，只是本篇更偏向浪漫小说，而另外两篇则更注重记实。

本篇虽为小说，由于是根据本人亲历故事回忆改编，亦属"他乡"之"忆语"范畴，所以收在"他乡忆语"续集中，也应该不算离谱。

商战风云之三——
假做真时真亦假

（本小说纯属虚构，如有涉及到某个人物、商号、事件，均属借用，并非特指，如有雷同，纯属巧合，切勿随意联想，对号入座，自寻烦恼，否则后果自负。）

1

飞机一阵剧烈颠簸，把闭目养神的秦总惊醒。

还没来得及睁开眼睛，弄明白身在何处，只听得一片杯盘滚落的稀里哗啦声。

坐在身边的上海SGC江总拉了拉秦总的袖子说，飞机正在降低高度，进入云层，马上就到乌鲁木齐机场了。秦总回答道："刚才还是晴空万里，阳光普照，如平湖荡舟，一下子又堕入五里云雾，雨雪交加，如过山车一般，真是商场如战场，看来咱们这一趟是凶险难料，前途未卜哇。"说着，竟一步跨出座椅，大吼一声唱道："穿云——海，跨雪——原——，气冲——霄汉——"，接着一个举手亮相。哪知同行的张经理一声叫好，竟引来一阵掌声，夹杂着一阵阵"再来一个"。秦总一看，麻烦惹大了，连忙双手抱拳，转身道："打搅，打搅，献丑了。"赶紧又坐回座椅。江总道："真想不到，秦总去国二十多年，还怀有此等绝技。不过这次可真是要做好准备会会那个座山雕了。"

走向候机楼的一路上，秦总一直担心的还是天气，马上还要转机到克拉玛依去，这样的雨雪交加，小飞机能飞吗？正寻思着，广播已经开始通知了："由乌鲁木齐飞往克拉玛依和阿尔泰的航班，因为气候原因，暂时停飞，进一步的消息请注意广播通知。"按计划，秦总一行应该今晚抵达克拉玛依，明天会见各方代表，明天是中国阴历腊月23，是进入中国农历新年的标志，晚上克拉玛依油田总经理刁云龙设宴，为秦总一行接风，春节长假一过，正月17晚12时截标，正月18早9点正式开标。时间本来就一天紧似一天，今天如果赶不到克拉玛依，以后还会有什么变故，就更难预料了。万一误了截标日期，那可是担待不起呀。

秦总随口问："乌鲁木齐到克拉玛依有多远？"张经理赶忙回道："二级公路，320公里。我曾经打车去过，像今天这样的天气，恐怕要走五六个小时。出租车倒是好叫，都愿意拉长途，不过都是些前苏联Lada一类的破车，一路颠簸，很辛苦啊，最要命的还是不安全，路上24小时净是大型油罐车来来往往，加上这种鬼天气，几乎每天都有车祸死人的报道。"秦总毫不犹豫地道："叫个车，走！"小张答道："两位老总稍候，我来安排。"小张已经转身冲出候机楼。两人正商量着应该先跟油田方面通个电话，联系一下，江总的手机突然响起来，江总看了一眼手机，对秦总道："说曹操曹操就到，是克拉玛依油田指挥部公关部部长邬玛依小姐打来的。"一阵对话后，江总收线，转身对秦总说，"邬小姐代表刁总正准备到克拉玛依机场去接咱们，也听说航班取消了，力劝我们先在乌鲁木齐休息一晚，其他事情由她来安排。我说秦总坚持一定要今天赶到克拉玛依，一切按原计划进行，我们打车过去。邬小姐说，为安全起见，你们可千万不要叫出租，你给我十分钟，听我安排。"十分钟不到，江总的电话又响起来，是新疆石油管理局办公厅打来的，说十五分钟之内，有人打着江总的名牌到机场接我们,直送克拉玛依。江总赶忙打电话把小张叫回来，此时新疆石油管理局的车也来了。还是一辆几乎全新的卡迪拉克SUV，要说安全性那是绝对没问题，而且说是为了赶时间，还特意安排了两位司机。秦总一行三人坐后排，前后座之间还有一层隔音玻璃。秦总不由得想：这邬小姐考虑得还真周到哇。江总说"我可得睡会儿觉，趁这一路，让小张给你详细介绍一下以后你要打交道的几个重要角色吧。"说罢，把座椅放倒些，斜躺下，不一会儿就鼾声如雷了，秦总一边摇头，一边自愧弗如地想，江总真是当老板的好材料，美国一直流传着这样的说法： 当老板的基本功之一就是能够无论站着坐着，飞着靠着，眼睛一闭，就能睡着，眼睛一睁就能工作。

小张长着一张娃娃脸，白净面皮，身形纤瘦，快言快语，看上去不过二十四、五岁刚毕业的一个大学生，实际今年已经

33岁了，西安人，西工大毕业，在工厂干了三年，终因耐不住寂寞，辞职下海，到上海独自闯荡了4，5年，由于自身吃苦耐劳，肯动脑筋爱学习，在SGC做到了西北大区市场经理。这个克——乌输油管线自动化项目，从立项，初步设计开始，小张已经追踪三年了。这次已经是第七次来克拉玛依。他和油田设计院以及自动化部的人混得"滚瓜烂熟"，对油田各部门的利益关系，各主要部门主管的派系关系，了如指掌，还说得一口味道十足的当地维族普通话，听起来惟妙惟肖。

2

"这邬小姐可真是个泼辣人物。"秦总自言自语道，算是个开场白，立即引入正题。小张沉吟片刻，好像在斟酌从何说起："这邬玛依小姐在克拉玛依可是无人不知，无人不晓哇，你别看刁总整天牛皮哄哄，他的本事连邬小姐的一半都不到，这邬小姐三十来岁，女流一个，除了杀人越货，没有她办不成的事，上自总局局长，下至宿舍管子工，没有她调不动的人。几年前，刁总通过Honeyvell亚太区总裁尤浩之搞到一批世界最先进的石油机械，里面夹带了十多辆高级轿车，据称是尤总送给克拉玛依油田的礼物。不知中间出了什么纰漏，被乌鲁木齐海关给扣下了，刁总使出浑身解数也不得要领，誇下海口说："谁要是能把这批东西给我折腾出来，我的公关部长就非他莫属。"公关部秘书邬玛依小姐揭榜挺身而出，不出两个星期，也不知邬小姐施的什么法术，竟搞到了国务院某副总理的一纸批示：为中国石油战略长远利益，为促进国家西部大开发的国策，要海关按规定征税后放行。这些机械运抵克拉玛依时，刁总举行了声势浩大的欢迎仪式，当这批世界最先进的石油机械，连同十多辆进口高级轿车，浩浩荡荡开进克拉玛依，刁总亲自率领十万人夹道欢迎，当场给郐小姐作揖致谢。郐部长不但功成名就，名正言顺地摘得八大金刚之一席，还得到一部德国进口轿车做奖励。刁总也以惜才如命而名声大震，自此，一批批胸怀鸿鹄之士，连同一伙伙鸡鸣狗盗之徒，纷纷投到刁总麾下。

克拉玛依油田凭借着这批先进机械和各路人才，加上严格的管理，如虎添翼，产量质量年年被评为全局第一，据说刁总还亲自为"克拉玛依之歌"填词，有好事者谱曲，一下子唱红半个中国，克拉玛依也从一个鸟都不拉屎的地方一下子名扬海内。由于新疆的特殊性，克拉玛依市就是因克拉玛依油田而新建的城市，"党政军企"四合一，建市初期，刁总原本就是克拉玛依油田总经理，上面答应，其他党政军职由他选，他只说了一句哪个有最终拍板权就要哪个，于是他的参谋长替他选了军分区司令，克拉玛依市委书记兼常务副市长。

刁总一人党政军企大权在握，俨然一方土皇帝。为提高效率，实行严格的统一独裁管理，不知是哪位高参给他出的主意，学清朝中兴之主"一杆子插到底"的管理制度，废总理大臣，由皇帝直接统领各部部长。于是刁总实行大改制，撤油田指挥部，设六部两院八大金刚，分管各路，连各部名称都仿照清廷。原总务部/后勤部/财务部合并成户部，工程部/生产部并为工部，公关部并到礼部，武装部/保卫部并到兵部，监察/纪委/公检法等部并到刑部，另有两院—行政院和设计院。各部部长对外称部长，对内统称尚书。八位部长号称"八大金刚"，直接对刁总负责，对部内独掌生杀大权，刁总并不插手干预，他只要最终结果，当然，刁总对各部部长也是杀人不眨眼，奖罚分明，拖延搪塞、逾期不达者，撤职查办。营私舞弊、犯上作乱者，抄家发配。这一套管理还真卓有成效，各部运行井然有序，生龙活虎。刁总官场上得意，情场上失意。千方百计追求邬玛依不成，放出狠话：在我的地界，我看谁敢娶你。眼看着青春已逝，为摆脱刁总的纠缠，这邬玛依竟然一横心，嫁给了她在新大的同学，刁云龙的弟弟刁云鹏。但是刁总明里暗里还是不肯放手。几年后刁云鹏夫妇远走美国德州，在休斯敦成立了一家石油精密仪器贸易公司，生意风生水起之时，却又把邬玛依送回国内，一方面笼络云龙，另一方面监视云龙，内外勾结，遥相呼应，邬玛依也心知肚明，云鹏乐得独自在外逍遥自在，只要云龙的位子坐一天，云鹏的生意就能日进斗金。

据张经理介绍，克——乌管线项目名义上是新疆石油管理局主管，实际操作完全由克拉玛依油田总经理刁云龙一人全权负责，这个刁总可是个老谋深算，深不可测的人物，长一副维族人的面孔，却自称具有汉族血统，先祖是唐朝戍边时期从陕西移居到西域，并与当地维族人经过几代繁衍至今。最具震慑力的就是他那一对鹰眼和那只鹰钩鼻子，具有典型的西夏番人面孔。他就是克拉玛依本地人，曾经参加过解放军维族部队，颇见过些世面，也是克拉玛依油田初创者之一。他能讲一口流利的汉语，难得的是还几乎没什么维族口音。在重点培养和使用民族干部的政策下，被保送到西安西北民族大学，毕业后一直平步青云，直作到克拉玛依油田总经理的位置。

3

秦刚在MIT最后一年的一篇关于自动控制发展方向的博士论文，被导师推荐参加1985年IEEE全球自动化年会，年会主席在会议的第一天，就把秦刚请上主席台，向大家做介绍，提议请秦刚作为IEEE本届自动化年会共同主席，并作为第一主讲人，得到主席团一致通过。会后，美国CDS公司总裁Dick Borman找到他，只谈一个问题：困扰了自动化领域二十多年的"集中控制论和分散控制论熟优孰劣之争"，随着计算机技术和网络通信技术的发展，最佳方案应该同归于"集中监控下的网络分散控制"，只谈了一个晚上，Dick认为，秦刚关于自动控制发展方向的论点正符合CDS公司发展理念，当时就给他下了聘书，聘他担任CDS开发部Director。毕业时，在导师的力主下，MIT破格答应授予秦刚终身教授头衔，挽留他在MIT边任教，边做研究指导。秦刚犹豫再三，最后还是选择了去CDS，一则答应Dick在先，受利益驱使出尔反尔，不符合他做人的准则，二则，他认为自动化是一门与工程实践紧密结合的科学，与其在象牙塔里众星捧月般地高谈阔论，不如实实在在干一两件直接造福人类的事情。

还真应了托尔斯泰那句老话："幸福的家庭都是相似的，不幸的家庭各有各的不幸"。秦刚本有一个幸福美满的家庭，同事们都说怎么所有的好事都让他一个人摊上了，无人不誇：秦刚夫妇郎才女貌，相敬如宾，夫唱妇随，举案齐眉。连生孩子都是先有一女，再得一子，怎一个"好"字了得。俗话说"祸兮福所倚，福兮祸所伏"，哪知一场意外，在同一天他失去了太太和儿子，从此使他学会看淡一切人间浮华。

几年以后，作为新生的工业自动化的后起之秀，CDS公司的"集中监控下的网络分散控制"理念和系统已经被理论界和实业界广泛接受和应用，在北美的发电、配电和石油化工自动化领域，站稳了脚跟。接下来的重任，就是挑战Simens和Honeyvell等老牌欧美自动化霸主，把新的理念和系统推向世界。秦刚也被提升为CDS公司副总裁，主管开发和工程。这次中国克拉玛依——乌鲁木齐输油管线自动化工程向世界招标，正是CDS打开中国市场，走向世界的一个重大契机。中国的西部大开发，西气东输重大决策，意味着巨大的商机。Dick临时任命秦刚兼任市场总监，全权主抓克—— 乌管线项目的投标，Dick深知此项任务难度很大，CDS的国际知名度还差得很远。世界所有公司参与重大国际投标项目，都毫无例外地是由具有多年经验的市场或销售总监来领军的，但是这些人商业气息太重，十之八九大话连篇，言过其实，客户对这帮人向来是敬而远之。CDS要赢得该项目，唯一的可能性就是以技术取胜，以理念服人。所以要秦刚来牵头，一则秦刚是中国人，深得中国文化精髓，二则秦刚是"以技术取胜，以理念服人"的最佳人选。Dick临行前给他尚方宝剑，一切有关投标事宜可以先斩后奏，不惜一切代价，拿下该项目。

本项目国际招标，经过一年的第一轮投标资质审查，最后剩下三家，美国Honeyvell公司，美加联合CDS公司，以及德国Simens公司。就在截标前的两个月，风云突变，Simens中国代理公司上海工程技术服务咨询有限公司SGC的总经理江总打电话给秦刚，说，Simens公司打算退出竞标，秦刚匆忙之中，立即飞赴上海，情况终于弄明白了：几十年来由于世界各国对发展中的中国石油工业，一直看不上眼或存有偏见，很少愿意进入中国市场，只有Honeyvell公司三十年前随着中国第一个全套引进的石油化工工厂设备，作为自动化配套设备首次进入中国，此后建立了Honeyvell（亚太）公司，并且在天津成立了Honeyvell（中国）公司，他们在中国石化部，各大区石油管理局，甚至各个油田都建立了错综复杂的关系网，几乎垄断了90%以上中国石化自动化工程，特别是新疆石油管理局的所有采油和炼油项目，无一例外地都是Honeyvell公司的产品。Honeyvell公司在克——乌输油管线设计之初，就渗透到石油设计院各个部门，主设计师和所有自动化设计工程师，都曾经多次到Honeyvell考察培训，又在天津，香港，新加坡多次举办技术交流会，结果初步设计书上的许多技术指标都是参照Honeyvell产品指标列出的。Honeyvell亚太区总裁，Honeyvell中国公司总经理尤浩之酒后吐真言说：克——乌管线项目非我莫属，谁来都只不过是陪绑。Simens公司权衡利弊，自知在实力，资质上是要比Honeyvell强些，但技术上并无优势，各方面关系上却又相差甚远，胜算概率不大，再者，新疆交通不便，气候恶劣，即使费尽九牛二虎之力夺得该项目，施工起来也得不偿失。因此决定退出竞标。

4

秦总赶到上海后，经过两天的情况介绍和讨论对策，也没有什么结果。

第二天下午会议休息期间，秦总独自站在阳台上，遥望朦胧中的黄浦江，整理一下混乱的思绪，张经理正好出来吸烟，顺便也递给秦总一只，秦总下意识地接过一只烟来，但并没有点燃，只是放在鼻子下面闻了一闻，已经记不清上次吸烟是多少年前的事情了。不会吸烟的人都说"一股烟臭味"，会吸烟的人闻到的是一种烟草特有的清香。思绪突然清晰起来。秦总没有再去开会，一直把自己锁在办公室里，给美国公司总裁Dick写了一份汇报，打印出来后，想了一想，又稍加修改，加上了一句话："我建议，争取Simens和CDS联合投标作为上策，或者CDS也退出竞标，流标后重新招标从而赢取更多的准备时间为中策，CDS单独继续投标为下策。"再打出一份。他把第一份传真发给Dick后，看到传真机打出的传真发送报告后，就把传真件拿出来，把第二份传真放在传真机上，但并没有发出去，就转身回到办公室。他想一定会有人发现传真稿，并交给江总。

晚上张经理来电话，问秦总怎么下午没去开会，是不是太疲倦了，说带秦总出去散散心，秦总也正想找机会跟这位张经理好好聊聊。在小张带领下，来到郊区一处"全蛇宴"，没进大堂，直奔后园的"农家小院"，这里装修别致，一张桌子一个单间。说是"单间"，其实既没有围墙，也没有屋顶，只是竹林和水榭隔开一片片独立小天地，凭栏处，就是小桥流水，在暄闹的大上海，能有这么一片清幽之所，倒也别致。小张轻车熟路地点了几样小菜，要了两杯蛇胆酒。秦总仰望星空，突然长叹一声，"明月几时有，把酒问青天，不知天上宫阙，今昔是何年？"说罢，把半杯蛇胆酒泼洒在地上，一口饮下剩下的半杯，顿时感到耳聪目明、精神抖擞。不由得赞叹曹孟德的"何以解忧，唯有杜康"。

秦总问道："克——乌项目截标为什么偏偏选在春节这个当口？"张经理回答道："我猜想肯定是有人故意这样安排，给对手以措手不及。""张经理，依你之见，你觉得打败Honeyvell有没有可能？哪里是最有力的突破口？"小张略一迟疑，笑答："咱们人微言轻，只是提供一些信息，决策还得要靠上边。"

秦总说："如果我们跳出所在公司的局限，难道你不认为中国花了那么多钱，就应该得到物有所值的先进设备和技术，这也是你我的一份责任和良心吗？"

小张赶紧应道："当然，当然，那——您是要听想听的话，还是要听真心逆耳的话？"

"当然是真心的话，也就是想听听纯粹你个人的见解，再说，全公司对克——乌项目最了解内情的莫过于你了。"

小张说："那好吧，其实会上许多人说的都未必是真心话，会前江总交代过，要统一口径。至于那个油耗子，就是那个Honeyvell亚太和中国公司总裁尤浩之，他不惧CDS，就怕Simens，其实他也不过是个吹牛高手，他要是十拿九稳，也不会私下找SGC，说如果能劝说Simens退出竞标，会给我们一大笔好处费，市场总监李副总联络了一批人，向江总痛陈利弊，力主放弃竞标，江总起初不同意，最后答应先向西门子总部汇报，由总部定夺。Simens在市场发展方向上，本来就有两派意见，欧洲本土派力主收缩战线，集中力量保住欧洲和中东市场。开拓派主张应不断进取，维护世界霸主地位，大手笔收购不断追求领先技术的美国公司，拓展中南美洲和亚洲新兴市场，特别是中国市场，争论结果，最后主管市场的副总裁拍板，暂时放弃这次竞标。听到这个决定，其实江总也很失落。依我之见，要说战胜Honeyvell的突破口，Honeyvell最怕戳到他们系统技术落后的痛处，上次尤浩之在克拉玛依油田办技术讲座，被油田科技部的人揭了个底朝天，说他们拿20年前的过时产品和技术来糊弄人。最后官司打到刁总那儿，才算平息下来。"

那个尤浩之，原来是广东茂名石化的一个油库合同工，不知怎么混到一纸茂名石油专科的文凭，又会搞关系，后来做到供销科长，你要到厂里问尤浩之，没人知道，你要说尤科长，人们会说，你说的是那个"油耗子"，那厂里可是无人不知，无人不晓，这小子的科长是拿老婆换来的。他不知从厂里油库搞了多少成品油出去私卖，在国家汽油紧张时期，一吨汽油标价25万元，还必须得有计划指标。黑市有人肯出价250万一吨。又不知有多少人告到厂部。妙就妙在，这尤浩之捣起鬼来，该封口的封口，该灭口的灭口，毁踪灭迹，点水不漏。经过几年调查，结论是查无实据。三年困难时期，尤浩之偷渡到香港，混到港英身份后，仗着有点儿文化，对外声称自己是北京石油大学毕业，石化部和各大石化企业的一把手都是他的同学（不过那个茂名石专还真是原北京石油学院援建的，茂名石专后来也的确改名为茂名石油大学），在某洋行跑单帮。前后正赶上茂名油田因页岩油成本太高下马，茂名石化原料油短缺，几乎停产，尤浩之又买通地方官员，走私油品，名义上为了挽救茂名石化免于破产，实际上自己发了一大笔国难财。捞到第一桶金后，成立了一家国际咨询公司，又赶上广东沿海首先开放，引进外资，英美商社纷纷进入中国市场，尤浩之作为中介，代表美国Honeyvell公司，为中国引进了第一套茂名石化生产自动化系统。随着中国石化飞速发展，尤浩之摇身一变，入了新加坡籍，竟当上了Honeyvell（亚太区）总裁。他还真有些远见，预料亚洲市场的未来在中国，紧接着又成立Honeyvell（中国）公司，自兼中国总裁。克拉玛依石化总厂的全套炼油设备和自动控制系统，都是尤总一手促成的，工程期间，尤浩之借机为自己建了一座富丽堂皇的克拉玛依迎宾馆——水晶宫，石化工程完成后，即把宾馆赠送给克拉玛依油田。当然这座水晶宫实际上除了刁总和他的几个亲信之外谁也无资格享用，当然那油耗子每次来克拉玛依，必下榻水晶宫无疑。

5

第三天休会一天，江总打电话说想和秦总两人私下谈谈，秦总就在美国驻上海总商会定了一个包间。江总按时赶来，安排司机到专用餐厅用餐，包间里两人对坐。江总从公文包里拿出一张纸，递给秦总说："这是你遗落在传真机上的传真件，"秦总收起传真件，连说："抱歉，抱歉，这两天头昏脑胀，思维混乱，净丢三落四的。"江总疑惑地问道："难道秦总也考虑退出竞标？"秦总没有直接回答，却反问江总一句："Simens是不是打算永远退出中国石油化工自动化市场？"江总答："当然不是，您有何高见？"

秦总道："Simens的各方面顾虑都是完全可以理解的。Simens和Honeyvell都是老牌'分散控制系统'的鼻祖，几十年来，在计算机和网络通信技术不甚发达的年代，以可编程控制器（PLC)为代表的分散控制系统在相当一部分控制范围不太大，控制精度要求不太高的工厂自动化类应用中，有它优越性的一面。Simens和Honeyvell的系统大概至少20年没什么大的改进了吧？这在任何现代科技领域都是不可想象的。现代计算机和网络通信技术，都是三五年就换一代了。"

江总也连连点头附和道："我也知道你们的'集中监控下的网络分散控制'系统在这种长距离，高精度，高速响应的应用中具有无可争辩的优势，所以我们退出，也为你们减少一个竞争者。"

秦总回答："也不尽然。这次虽然号称是公开招标，但是我们实际上处在一个不公平竞争的地位，CDS无论在国际声誉还是资质上，不但和Simens不可同日而语，就连和Honeyvell也无法相比。老实说，就这次竞标来说，无论是Simens还是CDS，单独和Honeyvell竞争，都必败无疑。克一乌输油管道自动化系统是一个小项目，但意义却很重大，未来的战争，归根结底是打的石油战，消耗战，这关系到国家和民族的生死存亡。由于东海，南海水路运输的不安定性，中国正在不惜一切代价寻求俄罗斯的北方输油管道，哈萨克斯坦的西部输油管道，以及缅甸的南部输油管道，而中国工业基础都在东部，国内的长距离输油输气管道势在必行，如果这次再让Honeyvell拔得头筹，再凭Honeyvell此前多年的经营，把其他对手都挤出中国的可能性是很大的。"

江总也分析Simens退出竞标的背景："Simens在海外市场和

发展方向上一直存在两派之争，这是我们没法左右的，加上我们对Honeyvell优势的夸大估计，导致上层决策失误。"

秦总说："我和Simens公司技术开发部主任施密特先生一起开过好几次国际会议，私交甚好，我们的技术发展观点也基本相同。据他说：在发展方向上一直以来Simens就分两派，一派坚持紧跟世界技术发展潮流，开发新的监控系统，配合开发新的远程网络智能终端RST取代陈旧的PLC，重振Simens霸主地位，另一派力主以现有PLC为主导，在原来基础上升级提高，市场战线以巩固欧洲为主。两派为争夺开发经费和市场份额，打的不可开交。我们现在是在第一线和Honeyvell拼杀。"

"连Simens都难以抵挡，我们又能怎样？"

"难道江总就眼睁睁看着'铜雀春深锁二乔'？"

"我也是势单力薄，无能为力啊。"

"这两天会议的架势，眼看着一帮投降派为其自保，内外勾结，为眼前蝇头小利，出卖公司大计，江总却任其兴风作浪，还有推波之助澜之势，我倒是替江总捏着一把汗。"

"此话怎讲？"

"Simens可以一拍屁股走人，退出中国市场，难道你上海SGC也能够离开中国市场？可惜江总奋斗大半生的事业，也将付之东流。"

"我当然也不甘心呐，有何见教？"

"与其束手就擒，不如破釜沉舟。"

"有何锦囊妙计？"

"若问破曹之计，唯有孙刘联盟"

"还请明示。"

秦总拿出一份打印好的联合投标协议草稿，交给江总，只见页首写着：

"一，Simens公司正式或者只是名义上参与CDS联合投标都可以， 具体事物可委托SGC进行，但Simens要出具给秦刚的Simens公司正式委托书。如果CDS中标，Simens可以参与或不参与合同执行，并不受合同违约条款约束。三方责任和利益分成，由各方的协议事先约定。

二， Simens要在投标期间，委派技术开发部主任一级的代表，参加CDS与招标方的技术交流活动，并支持CDS的集中监控下的网络分散控制方案。

三， SGC要委派有决策权的代表，参与整个投标活动。"

待江总看完，秦刚补充道："其实这次也是打掉Honeyvell气焰的一个机遇，首先，《集中监控下的网络分散控制系统》已经被世界公认并接受，作为未来技术发展方向，已成定局。另外，Honeyvell目前还没有长途输油管线控制系统的系统运行经验和工程经验，而我们在加拿大有一个成功应用实例，尽管不太大。这两条软肋，恰恰是战胜Honeyvell的天赐良机。"

江总连连点头称是，说："道理不错，待我仔细考虑一下。"

"大方向确定以后，正确的应对策略就是决胜因素了。我个人还有一个小小的请求：如果CDS中标，请张经理担任CDS合同项目副经理，帮助 CDS 项目经理协调各方面的关系。"

江总爽快答道："那不成问题。"

第四天继续开会，会上江总以个人名义提出Simens和CDS联合投标方案，并由他负责向总部汇报和做说服工作。大家各抒己见，畅所欲言，几天来的沉闷空气一下子被打破，最后得到大多数人的支持。一周后，方案批准下来，但Simens最终只是同意"名义上"加入CDS投标联合体，具体操作由Simens的中国代理公司上海工程咨询公司SGC执行。

秦总终于松了一口气：如果有Simens加入CDS联合投标体，哪怕只是名义上，就有了战胜Honeyvell的坚实基础。

本来，按照惯例，这次招标应该是由SGC市场总监李副总来参加的 ，秦总认为事关重大，请江总亲自出马，江总本人也不太放心让李总去，正巧，华南电力设计院召开年度设计规划会议，邀请SGC参加，由李总去华南本来就是名正言顺，于是江总陪秦刚到克拉玛依就顺理成章了。

6

一路奔波，路过石河子，稍事休息。印象中的新疆，就是"大漠孤烟直，长河落日圆。"冰山峻岭，戈壁黄沙，眼前的石河子，却完全是一派江南水乡，被称为"戈壁明珠""塞外江南"。看看天色已晚，小张推荐尝试一下典型的新疆大盘鸡和馕坑肉。

可能是一路劳顿，胃口大开，只见大盘鸡放在一个直径约两呎的大盘子里，中间堆起有一尺高的像小山一样的烤鸡块，一吃方知，小山表面堆的是鸡块，山里全是烤辣椒，佐以土豆，洋葱，番茄，最后上一大海碗一时宽的拉条子，呼啦一拌，吃得人大汗淋漓，七窍生烟，直呼过瘾。馕坑肉更是一绝，把腌制好的带骨羊腿肉先用食锤捣碎，用锡箔纸包好，放在馕烤炉中，慢慢烘烤五到六个小时，刚出炉的羊腿肉色泽光亮，皮脆肉嫩，肥而不腻，香浓味美。

快到克拉玛依市，天已全黑，邬小姐打来电话，听说已经吃过晚饭，就吩咐司机直接开到水晶宫。

夜色下的水晶宫，在激光彩灯闪烁之下，宛如仙境。邬小姐说第二天下午，刁总亲自来拜访，晚上设宴接风。要大家早早歇息，即吩咐服务人员带领各自安寝。

一宿无话。秦总有晨练的习惯，天蒙蒙亮就起身，四处走走。这水晶宫建在一个人称"瑶池"的圆形湖面之上，东西南北四座独立别墅，称为东西南北宫，四座回廊把四座宫环形连接，四座宫又各自有石桥通到四周环湖公路。正中别墅高高耸立，称为"天宫"，天宫和外面以及其他四座宫之间，都是由地下通道电梯连接。五座别墅建筑全部采用玻璃外墙，在晨曦映照下，借助天光水影，金光灿灿。真无愧"水晶宫"之名。

东西南北宫均为尖顶设计，独有天宫顶端为天文馆般的穹顶建筑，非常别致。走到正门，只见一座巨型石头牌坊，上书"别有洞天"，秦总想莫非就是王母娘娘的"别有洞天宫"，又见牌坊两边一幅对联，上联为"假做真时真亦假"，下联是"无为有处有还无"，这不正是红楼梦中太虚幻境大门上的对联吗？这两句话可蕴含着无穷的辩证法呀。正感叹之余，只见小张陪着江总缓缓而来，见秦总对着牌坊沉思，小张来到近前说："你别看这两笔字不怎么样，可据说是尤总手书，尤总虽然文水不高，却偏爱舞文弄墨，附庸风雅。"

下午，油田总经理刁云龙在邬小姐陪同下，到宾馆会见秦总一行，只礼节性地交谈一会儿，就说不打搅告辞了，约好晚上见面。

7

晚上秦总一行如约来到宴会厅，刚进入前厅，早有服务生接过帽子大衣，跟着服务生的引导，还未进门，只听内里一连串高声通报："秦总—— 江总到—— 。"一时鼓乐齐鸣，迎宾曲高奏，掌声雷动，大有皇帝接见远方来使之架势。待进得大厅，只见篮球场大小的宴会厅，正面摆着一座云台长条案，后面独自坐着刁云龙，见秦总一行步入大厅，霍地站起身来，招手致意。秦总快步驱前，与刁总握手，寒暄过后，刁总抬手向右前方一伸，示意就座，江总推秦总坐在首席，江总，张经理也依序就座。刁总双手举过头，轻轻击掌两下，乐曲改奏"我们新疆好地方"，只见两排清一色维族姑娘依次将杯盘酒菜一字摆开。曲罢，刁总起身道："我先来介绍一下：

"这位是美国CDS公司副总裁兼市场总监，美国麻省理工学院客座教授，秦刚—秦博士。大家鼓掌欢迎。"依次介绍完江总，张经理之后，转身指向左边首席：

"这位是美国Honeyvell公司亚太区总裁，兼Honeyvell中国公司总经理——"话音未落，坐左边首席，那个肥头大耳，脸上横肉块块饱绽的家伙，已经冲到秦刚面前，一把抓起秦刚的手连摇几下，一边连呼道：

"久仰，久仰。鄙人尤浩之，犹太人的犹，浩气冲天的'浩'，之乎者也的'之'。"

秦总缓缓抽回手，盯着尤浩之的脸看了一阵说："据我所知，百家姓里好像没有犹太人的'犹'字。你该不是姓黄帝大战蚩尤的'尤'吧？"

尤浩之点头如啄米答道："正是，正是，正是这个'尤'字。"

正说着，刁总忙打圆场道："我来接着介绍我的八大金刚。"

只见正厅两侧，左右各摆着四张桌子，刁总一一介绍：

"这位是行政院长胡忠南，人称胡司令。"

"这位是吏部尚书潘天寿。"

"这位是兵部尚书，我的三叔——"话音未了，这位身材修长，一身戎装的三叔已经跨出一步，厉声报道："军分区上校参谋长刁德义。"言毕，双脚并拢，只听"啪"的一声，一个立正敬礼，好不威风。

接着一一介绍户部，工部，刑部等各部首长。"至于礼部邬部长，就不必我介绍了吧。"

邬部长不似昨日西装礼服，今天换成一套典型维族女性裙装，只是没有梳成维族姑娘发辫，仍保留一袭披肩长发，却别有一番风韵，加之身材苗条，体态风骚，凹凸有致，该凸地方凸得理直气壮，该凹地方凹得无可非议，一双丹凤眼，两弯柳叶眉，正所谓"粉面含春威不露，丹唇未启笑先闻"，秀发长裙飘过之处，阵阵清香扑面而来，不似巴黎香水之浓烈，确有芭兰清馨之入髓。那张艳若桃花的脸和那双饱含深情的眼睛，使人过目难忘。邬部长轻握秦刚手指，眼盯着秦刚道："早闻秦博士乃'清华才俊，麻理精英'，如今才有幸一睹'芳容'，果然是气宇轩昂，周郎再世，秦总丧偶多年，至今仍是单身，怎不叫我'恨不相逢未嫁时'。"听闻此言，一向伶牙俐齿的秦总竟然一时语塞，无言以对，手里的酒已经洒了一半儿。

正尴尬之时，只听尤浩之趁势吼了一嗓子："脸红什么？"

引得一阵哄笑，秦刚一时还未回过味来，

身旁的小张已经厉声应道："精——神——焕——发！"

不想，刁参谋长又接上一句："怎么又黄啦？"

秦总顿时醒悟过来，也毫不含糊："防——冷——涂的蜡！"

刁云龙一看有点儿不对劲儿，赶忙上前道："玩笑，玩笑，各位就坐，咱们接着喝酒。"各位落座，秦总端起酒杯，走到刁总面前道："那我就借花献佛，先自干一杯，感谢主人盛情款待。"说完一饮而尽道："不知刁总今天唱的是哪一齣？是鸿门宴，还是威虎山百鸡宴？"刁总不动声色，一字一顿地回答道："今天咱们唱的是'青梅煮酒——论英雄'"

说罢，刁总举杯过头，高声道："天下英雄——谁敌手，"

左首上座的尤浩之忙举杯应道："曹，刘"

秦总一看，来者不善，当即起身举杯："生子当如——孙仲谋。"

三人举杯相碰，一饮而尽。刁总看来兴致很高，大呼添酒，一边扫视众位，一边捋着髭鬚，一边吟道：

"对酒当歌，人生几何！譬如朝露，去日苦多。

慨当以慷，忧思难忘。何以解忧？唯有杜康。

呦呦鹿鸣，食野之苹。我有嘉宾，鼓瑟吹笙。"

尤总赶忙举杯上前，跟上捧场（中间却跳过几句）道：

"月明星稀，乌鹊南飞。绕树三匝，何枝可依？

山不厌高，水不厌深。周公吐哺，天——下——归——心。"

秦总略蹰踌片刻，一看不妙，"短歌行"至此已经结句，我往哪儿接呀。这个油耗子，不是有意给我下绊子嘛，正被逼得走投无路，灵机一动，突然冒出一句：

"惶恐滩头说惶恐，伶仃洋里叹伶仃。"

那尤浩之却一转身，满脸堆笑，举杯到秦刚面前，高声赞道：

"哎呀，不得了哇，这不是文天祥的《正气歌》'过伶仃洋'吗？听下句：

'人生自古谁无死，留取丹心照汗青！'

秦总居然还怀有如此忧国忧民之伟大抱负。鄙人佩服，佩服，佩服得五体投地。"说罢，竟来了个90度大鞠躬。

秦刚也没客气，只回一句："怎奈'官仓老鼠大如斗'，我亦只是'位卑未敢忘忧国'"，与尤总刁总相视一笑，坦然碰杯，一饮而尽。

刁总起身，招呼大家入座，举杯道："今天咱们旧友新知，有缘聚此，大家一定喝个一醉方休。即是对酒当歌，那么下面每人要出个节目助兴。那我就带头先来一个啰，拿鼓来。"

早有人递上一只维族手鼓，刁总起身，双手托起手鼓，试了两下音，少顷，满堂鸦雀无声，突然嘹亮的鼓点响彻大厅："咚咚咚——哒哒——咚咚——嗒，咚咚咚——哒哒——咚咚——嗒。"是典型的维族舞蹈节奏。只听得鼓点声，越来越快，忽见一个维吾尔族少女，身着盛装，梳着维族姑娘特有的满头小辫子，飞速旋转着，跳入大厅中央，双手挥舞，裙裾飞扬，轻步曼舞如燕子伏巢、疾飞高翔似鹊鸟夜惊，一下子跨越旋转，一下子又"一字马腾空飞跃"，一会儿是飞燕穿云，雾里探花，一会儿又是蜻蜓点水，探海翻身，空中飞旋如翻云天鹅，落地起舞似翩翩孔雀。霍地又足尖点地，并拢双臂，如冰上芭蕾般，原地自转由慢而快。只听得"啪"的一声，鼓点声霎时休止，舞者也瞬间立定。随着鼓点慢慢再起，舞者又缓缓起舞，双手举过头顶，上下翻飞，似在采摘树枝上的水果，一会儿又用拇指和食指，捏一枚水果探入口中，一阵甜蜜的嬉笑过后，随着鼓点速度加快，又开始新一轮疯狂的旋转。志在高山呈现巍峨之势，意在流水舞出坦荡之情。只见刁总也冲入场内，鼓点不停，左腿下蹲，右腿平伸，做扫堂腿旋转，手鼓也不停地上下舞动。最后鼓声嘎然而止，刁总一个鹞子翻身，紧接着摆出个双腿一曲一伸，双手一垂一举呈回头望月之势，女舞者则保持金鸡独立，摆出孔雀开屏"Pose"，掌声四起，满堂喝彩。

秦刚正看得眼花缭乱，紧盯着摆"Pose"的女舞者那张艳若桃花的脸出神，"这不正是郐小姐吗？"

在热列的掌声和欢呼声中，刁总回到正座，女舞者旋转着飞出大厅。

见一女士起身道："刚才是维吾尔族女生独舞'葡萄熟了'，下面请看京剧'沙家浜'选段'智斗'。"

只见京胡开场之后，现成的胡司令和刁参谋长都不用化妆，就登场了，待到一个着汉装，梳发髻的小媳妇登场，碎步莲花，水袖轻甩，唱道：

> "垒起七星灶，
> 铜壶煮三江，
> 摆开八仙桌，
> 招待十六方，
> 来的都是客，
> 全凭嘴一张，
> 相逢开口笑，

过后不思量，

人一走——，茶就凉——。"

唱得是字正腔圆，演得是步步到位。再仔细一看："这不还是邬小姐嘛。"

几个节目过去，气氛已经热闹非凡。

邬小姐已经落座有一会儿了，此时站起身来说："SGC的张经理可是个手风琴高手，下面请张经理来一段手风琴独奏，掌声有请。"

已经有人把一架手风琴摆放在张经理面前，小张胸有成竹，背起琴来，试了两下音，说道："弹一首'马刀舞曲'。"秦总以前也学过一些手风琴弹奏，知道"马刀舞曲"是俄罗斯作曲家哈恰图良的著名乐曲，难度很大，节奏极快，小张从容拉开风箱，几个跨八度的跳跃大和弦，立刻把人带到万马奔腾，马刀翻飞的宏伟战场，一会儿是马队从远到近，呼啸而过，一会儿又由近及远，余音如缕。最难弹奏的一段是用手风琴特有的技法——"抖风箱"来表现风声呼啸，战马嘶鸣。小张演奏得可谓技艺精湛，完美无缺。

随后，刁总站起身来，说："是不是该秦总来一个了？大家鼓掌欢迎。"

秦刚看是无法脱身了，就说："那我就唱首歌吧，大家都熟悉的现代流行曲，我又不会，就唱一首美国歌曲《I left my heart in San Francisco》吧，张经理能不能给伴奏一下？"小张说他不会这首歌，两个人就嘀咕着选哪首歌好，小张突然对秦总说："就唱'打虎上山'吧！再好不过了。"秦刚正犹豫着是否合适，小张已经拉开风箱，响起了前奏，手风琴曲"打虎上山"也是秦刚很熟悉的。心想，既然对手已经掐到脖梗子了，那也就管不了许多，就来个连唱带跳吧。于是，索性脱去西装外衣，甩掉领带，只着衬衣加西装背心，向旁人借了一顶皮帽子，往脑袋上一扣，顺手抓起一把鸡毛掸子充当马鞭。随着音乐，一串马步就跨到大厅中间，光这身打扮就把人笑得前仰后翻，待一开腔：

> "穿林——海——，跨——雪原——，气冲——霄汉——。"

拖腔未落，已经是一片叫好声。唱到最后：

> "哪怕是火海刀山也扑上前，
> 恨不得急令飞雪化春水，
> 迎来春色满人间——"

又是一个长拖音，秦刚左手紧握胸前，右手高举向上，结尾一个杨子荣的"Pose"，掌声雷动，欢呼声四起。

邬小姐扑过来，递上一杯酒给秦刚，献上一吻，摇着他的胳膊赞叹道："太精彩了！"秦刚也觉得，也许是心绪使然，今天甩开膀子，连唱带跳，的确是感情充沛，格外入戏，登峰造极。

8

看看气氛差不多了，刁总起身说道："添酒，添酒，有道是'有酒无诗不成席'，我提议，请两位远道来客—秦总和尤总来个赛诗会，一人说一句诗或者一首诗，另一个人要接出下句，并且说出诗的名称和作者，说错了，后一个人罚酒一杯，说对了，前一个人罚酒一杯，我来做裁判。大家说好不好？"一阵叫好通过。

刁总道："那么就请最远道而来的秦总先开始吧。"

秦刚起身，端起酒杯，向尤总点头致意，道：

"黄河远上白云间，

一片孤城万仞山。"

尤总从容不迫起身，回应：

"羌笛何须怨杨柳，

春风不度玉门关。"

取自唐朝诗人……唐朝诗人……"

众人已叫道："尤总罚一杯。尤总罚一杯。"

秦总道："取自王之涣的《凉州词》。"

尤总受罚一杯后道：

"青海长云暗雪山，孤城遥望玉门关。"

秦总接过：

"黄沙百战穿金甲，不斩楼兰终不还。"

取自王昌龄的《从军行》"

秦总接下一首：

"葡萄美酒夜光杯，欲饮琵琶马上催。"

尤总：

"醉卧沙场君莫笑，古来征战几人回！

取自王翰 的'凉州曲'。"

秦刚该罚一杯。

双方你来我往，尤总举杯突然出一句：

"东边日出西边雨，"

秦总也起身举杯，暗想，这尤总还真是"哪壶不开提哪壶"，忙接应：

"'道是无晴却有晴。'

取自刘禹锡的《竹枝词》"

众人高喊："尤总再罚一杯。"

秦总接着话头一转，慷慨陈词又一首：

"曾经沧海——难为水，除却巫山——不是云。"

尤总接道：

"取次花丛懒回顾，半缘修道半缘君。"

这不是元稹的悼亡诗'遣悲怀'吗，秦夫人不幸辞世已十年，秦总怀念亡妻，依然单身至今。真可谓'要嫁就嫁这样的人'"

刁总转身问大家："尤总说的对不对？"

众人齐呼："对！秦总该罚一杯。"

秦总也一饮而尽，接着道："正好我这里还有一联，上联是：

'身后有余忘缩手'，"

尤总耍赖道："这算什么破联，没听说过。"

秦刚忙应道："下联是：

'眼前无路想回头'。

这可不是我编来唬你的，这是《红楼梦》第二回，贾雨村漫步扬州城外智通寺，见门口贴的一幅真正"破"联，寓意可是入木三分。"

大家呼喊着："尤总罚酒，尤总罚酒。"

此时刁总起身道：

"第一轮赛诗到此，秦总暂时领先。下面咱们来加快的，我选一首长诗，一人一句，接不下来就罚。"略一沉思，道："咱们就选白居易的《琵琶行》，这回尤总先来。"

尤总站起身，清清嗓子：

"浔阳江头夜送客"

秦总也站起身，忙接道：

"枫叶荻花秋瑟瑟"

"主人下馬客在船"

"举酒欲饮无管弦"

．．．．．．．．．．．．．．．

"千呼万唤始出来"

"犹抱琵琶半遮面"

．．．．．．．．．．．．．．．

"大弦嘈嘈如急雨"

"小弦切切如私语"

"嘈嘈切切错杂弹"

"大珠小珠落玉盘"

．．．．．．．．．．．．．．．

"曲终收拨当心画"

"四弦一声如裂帛"

"东船西舫悄无言"

"唯见江心秋月白"

．．．．．．．．．．．．．．．

"同是天涯沦落人"

"相逢何必曾相识"

至此，尤总略停顿一下，道："罢了，罢了，太长了，后面实在记不起来了，秦总自己把下面都包了吧。这一壶酒，就算我包了。"秦总也没客气，答道："好。"接着一口气背诵下去：

"我从去年辞帝京，谪居卧病浔阳城；浔阳地僻无音乐，终岁不闻丝竹声。

··

今夜闻君琵琶语，如听仙乐耳暂明。莫辞更坐弹一曲，为君翻作琵琶行。

感我此言良久立，却坐促弦弦转急。凄凄不似向前声，满座重闻皆掩泣。

座中泣下谁最多？"

只剩最后一句了，秦总双手将衣襟一掸，拿着调，放慢速度高声道：

"江州司马 青——衫—— 湿。"

又是一片满堂彩，掌声持续有一分钟之久。

秦总抱拳谢道："只能算尤总运气不佳，撞到我枪口上了，我自小喜欢诗词，以背诵长诗为乐，什么"将进酒"，"长恨歌"，尤以《琵琶行》为最爱，所以尽管30年了，今日仍能背出。亦算刁总助我，偏偏选了这首。"

刁总起身过来，把秦总拉到正席，道："今日总算领教了秦总的文采，只可惜酒没喝够。秦总若肯赏脸，我再敬你三杯。"秦刚已觉头重脚轻，回应道："这三杯一定应下，以感谢刁总安排如此丰盛的宴席，加之如此精彩的表演，令终生难忘。"

干完这三杯酒，秦刚自知不胜酒力，两腿发软，两眼模糊，忽闻一阵娇喘："念我苦劳，我这杯酒，秦总可得喝下。"

一股芭兰清香扑来，秦刚顿时清醒了不少，看清那张艳若桃花的脸，"怎么还是邬小姐？"紧随其后，又是尤总，又是各部部长，一阵轮番轰炸。

9

秦刚也不知怎么回到卧室的。恍惚中，觉得自己飘上天空，清醒时，又坠落床上，头抬不得，手动不得，腿挪不得，突然一个激灵，惊醒过来，环顾四周，思维突然越发清晰：这不是在波士顿急救中心ICU病房里嘛，胳膊上，腿上，胸前插满各种管子，脸上是呼吸面罩，哪儿也动弹不得。原来是十年前那场雨夜惊魂的车祸，他驾着车，太太抱着垂危的一岁儿子坐在司机座旁，在那个犹如世界末日的风雪之夜，飞速开往医院。突然一辆失控的大货车迎面扑来，秦刚还没来得及喊出声，只感到一阵剧痛就失去知觉，醒来时，就是这个情景。只记得医生告诉他，他们三个人都严重失血，急需输血。一家三口虽然都是A型血，但是都含有一种亚洲人特有的RH因子，医院血库里没有这种血，他们正在紧急联系其他医院，以求支援。20分钟以后，医生告诉他，儿子已经停止呼吸，儿子的血可以输给他和太太，但是可用的血只有400CC，只勉强够给他们中的一个人输血以挽救生命，他只来得及说了一句话："给太太，女儿需要她。"就又昏迷过去了。再次醒来，朦胧中只看到一抹晨曦。随即又失去知觉。直到下午，医生才告诉他，太太因失血过多也已经去世了，太太坚持："先不要管我啦，这个世界更需要他。"于是儿子遗留下的400CC血连同太太自己的

1200CC全部输给了秦刚。巨大的悲痛，使他又失去知觉。

一阵晕眩，似又昏睡过去。不知过了多久，秦刚又突然惊醒，强忍着剧痛抬起头，只见枕头上都是呕吐的秽物，气味难忍，又一阵剧烈呕吐，慢慢清醒过来，终于弄明白是躺在宾馆床上，是昨晚酒喝得太多了，心想不如出去临风吹一下，也许就会好些。待挣扎着来到湖边一处楼阁，只见，上书"听音阁"，两侧一幅对联，上联为"厚地高天 堪叹古今情不禁"，下联是"痴男怨女 可怜风月债难酬"。进得阁内，只见案上置一古琴，秦刚以前略接触过古筝，于是照猫画虎，抚琴歌曰：

> 锦瑟无端五十弦，一弦一柱思华年。
> 庄生晓梦迷蝴蝶，望帝春心托杜鹃。
> 沧海月明珠有泪，蓝田日暖玉生烟。
> 此情可待成追忆？只是当时已惘然。

被夜风一吹，竟清醒了不少。遥见一弯明月，从天而降在湖中荡漾，忽然，耳边响起小时候的一首儿歌：

> "蓝蓝的天上银河里，
> 有只小白船。
> 船上有棵桂花树，
> 白兔在游玩。"

却见那弯明月飘然而至，原来是一只小白船，只见一仙女站在船上，正向他挥手。小船靠岸，仙女进得阁来，对秦刚施礼道："夫君何以至此？听你作歌，那警幻仙姑怜我离别夫君都未及告别一句，特允我前来一会。着仙月载我往返一瞬，不得有误。我知你念我夫妻情深，不愿续娶，小女算来应有十五，六岁了，你只思慈父代母，却不知女儿家必有一些私秘之事难以启齿，女大不能没有娘呵。我看那邬小姐深谙世事炎凉，行事妥贴，是个可以托付之人。"秦刚回道："人家邬小姐已是名花有主啦。"仙女又道："那警幻可是专司人间风月，执掌世世因缘，特要我嘱你：人世因缘，前生有定，你只需随缘行事。并给我一个锦囊交与你，困惑之时，可为你指点迷津。"正说着，只听两个夜叉高声喊道："时辰已到，回宫启程。"拉着仙女推到月船之中，秦刚拽着仙女一只袖子，紧追不舍，一脚刚踏上船边，却被夜叉喝道："你个浊物，何以入得仙境"猛一推，跌入湖中。只见月船已腾空而起，瞬间又高挂夜空，自己手里仅空握着半截袖子和一副锦囊。

　　秦刚挣扎着向岸上爬，却怎么也爬不上来，只闻阵阵鬼哭狼嚎，又见一群夜叉水鬼死命把他往水里拽。虽拼尽全身力气，爬上地面，只觉浑身湿透，但头抬不得，腿动不得，眼看不清，心想不明，头痛难忍，心里嘀咕着如此这般怎能够撑到天明。口中阵阵喘息道："水——水。"忽闻一股芭兰清香飘然袭来，一杯水已经递到他手中，朦胧中，还是那张艳若桃花的脸和一双满含深情的眼睛，秦刚连杯子带手一起拉过来，口中却不禁喊道："邬小姐，救我！"也不知过了多久，待睁开眼睛，只见云雾缭绕中太虚幻境的巨石牌坊和那幅对联"假做真时真亦假，无为有处有还无"，左右环顾，并不见递水之人。秦刚霎时惊醒，可叹"红楼一梦"。后来也不知是昏睡，还是清醒，直到天色微明。

清晨醒来，仍觉得头重脚轻，头昏脑胀，恍如隔世，什么都记不起来。只隐约记得昨晚喝了许多酒，吐得一塌糊涂。却见床上被褥已焕然一新，自己的衣服也被换过，待仔细检查一遍，发现枕边多了一截断袖，一副锦囊，心想：嗯，原来如此。却又见枕上还有一枚耳环。秦刚忽然心内一惊，表面却不动声色，把断袖，锦囊连同耳环悄悄收起，仔细思忖，又安下心来，所幸并不记得昨夜还做过什么别的事情。口中不禁念道：

> 昨夜星辰昨夜风
>
> 画楼西畔桂堂东
>
> 身无彩凤双飞翼
>
> 心有灵犀一点通

沉吟片刻，随又叹道：怎奈邬小姐已嫁作他人妇。

10

下午，江总过来，两人略讨论了一下这几天的日程安排。

晚上，邬玛依小姐打来电话，说有些"私房话"要和秦总说，要秦总第二天上午10点在水晶宫门口等她。秦刚听毕，只觉脸红心跳，不知所措。

第二天早晨，秦刚如约来到大门口，只见邬小姐正坐在一辆奔驰560的驾驶座里等他。秦刚坐上车，故作轻松地问道："这就是邬小姐得到奖励的那部车吧？"邬小姐也不回答，"嗖"的一下，车已驶出老远。"秦总的消息蛮灵通的嘛。"

车停在郊区一处农家小院，邬小姐像进自家门一样，径直走进偏房，两人对坐在屋子里唯一的一张方桌旁。这时，一个中年妇人进来问道："邬小姐有贵客？可要点儿什么？"邬小姐答道："刘太太，就来一壶你这里上好的天山长寿茶吧。"

刘太太刚出门，秦刚不禁好奇地问："邬小姐有什么'私房话'，非要跑这么远来说？"邬小姐郑重其事地回答："秦总以后有什么重要事情，千万不要在宾馆里说，更不要在电话里讲。我想你应该明白。"秦总忙说："是，是，早应该想到。"说着，茶已经上来。刘太太亲自给两人斟满茶，就悄然闭门而去。

邬小姐开门见山，面带微笑问道："秦总消息这么灵通，不会不知道刁总招标的规矩吧。"秦刚回答："按惯例，不是要3%的回扣吗？这不成问题。"邬小姐艳若桃花的脸上忽然凤眼倒竖，厉声说："这次是要7%，秦总能答应吗？"说着从公文夹里抽出两页纸往秦总面前一摊，说："要同意，就在这两页纸上签个字，这两页纸，除了我和刁总，谁也不会看到。若不同意，那就请便。"如"人走茶凉"一般把袖子一甩。

秦刚有些意外地拿起纸来，仔细读了一遍，文件是用中文打印的，内容说：

投标方同意，在合同生效后，收到业主的第一笔工程款的十天内，将合同总金额7%的款项，以美元形式，直接电汇到美国休斯敦，收款人****,账号****。如果违约，业主有权立即撤销合同，投标方将按合同违约条款赔偿业主的合同损失。

秦总边看，边皱眉，说："邬小姐也在美国多年，不会不知道美国的《海外反腐败法》吧，根据多年来的实施细则，不超过3%的回扣只要在帐目中列清，在调查时如实说明，就可以了。超过3%的话必须预先向商务部报备，否则一律按违法论处。这种文件我怎么能签，刁总这不是有意刁难我们嘛。"

邬小姐脸色又变柔和了一些，说："我们不管你们美国的法律，你们美国的法律也管不着我们。这也不是只针对你们一家的，所有投标商一律平等，Honeyvell公司就是由香港公司支付的，如果你们不签署这份文件，只能后果自负。"说着，邬小姐就要把两页纸收进文件夹。

秦总赶忙说："先别拿走，能不能让我拿回去，我们再好好研究商量一下，也许还有什么办法可以变通。"说着就想伸手去拿回那两页纸。

那张艳若桃花的脸突然像白骨精一样变得狰狞起来："休想，这个文件一秒钟也不会离开我的视线。"

秦总放下身段，连连表示歉意说："理解，理解，那么，能不能等我给公司打个电话先请示一下？"说着，秦总赶忙拿出手机。邬小姐突然按住秦刚的手说："等等，"说着出门一会儿又回来，手里拿着一个手机说："用这个吧，这是刘太太的手机。"秦刚拨通Dick的手机，讲了一会儿电话。邬小姐正在漫不经心地品茶，不过秦总心里明白，邬小姐在美国多年，一定听明白了他都向Dick汇报了些什么，但不会听到Dick的回话。果然不出所料，Dick坚决不同意由CDS支付7%的回扣，最后说让秦刚全权处理，以不违反美国法律为底线。

秦刚把手机还给郐小姐，说CDS原则上同意支付7%的回扣，具体操作还要和江总商量一下。郐小姐边收起文件，边说："那我给你24小时，明天上午11点以前，给我回话，过时不候。"

回到宾馆，江总笑着问道："秦总，我看你脸色不对呀。什么'私房话'？是不是郐小姐非要缠着你要你娶她不可？我早看出来她很喜欢你。"

秦总啐道："你还有心思跟我开什么玩笑，都快把我急死了。"心里则暗自庆幸：幸亏那天夜里没有和郐小姐有什么瓜葛，只是南柯一梦而已，不然跳进黄河也洗不清了。

于是，压低声音把和郐小姐见面的经过向江总叙述了一遍。

哪知江总笑嘻嘻地说："不就要钱嘛，这个好办，听我的。在中国，再难办的事，凡是能说出个具体钱数的，就都算不上难办。"

最后商定：3%由CDS支付，另外4%由SGC支付，CDS在和SGC的服务合作协议中，以某种服务明目，增加这4%的支付款项。明天由秦总去签字。秦刚心里不得不暗自佩服：姜还是老的辣，这回幸亏把江总一起拉来。

第二天，还是在刘太太的茶舍，签完文件，两个人都如释重负。秦刚不禁放松些问道：

"郐小姐是维族人，怎么会用汉族姓氏？"

"我爸爸是汉族人，我妈妈是维族人，老家在达坂城。"

"噢，怪不得你长得这么漂亮，人们说混血儿都长得漂亮极了，而且达坂城的姑娘本来就是全新疆最漂亮的。"

"你觉得我漂亮吗？我老觉得好多人都盯着我看，可我不觉得你正眼看过我一眼。"

"你已经是有夫之妇，我哪敢多看一眼。"

郯小姐回答："我还有个姐姐，姐姐大我三分钟，我们是双胞胎，姐姐和我长得跟一个模子里刻出来的一样。平时上班因为职业不同，我们都穿不同的衣服，不会弄混的。可在家里时，我们一样的打扮，穿一样的衣服，连我妈有时候都会认错呢。"

"那怎么才能分辨出来呢？"

"我是整天一副无忧无虑的大大咧咧相，我姐姐要文静得多，你仔细看她的眼睛，里面总有一丝忧郁，我笑起来如银瓶乍破，我姐姐笑起来从不露齿，迷人极了，可是你很少能看到她的笑容。人家都说我姐姐是冰美人，能把人冻死，我是火美人，能把人烧死，我们可是'冰火两重天'，不过许多人还是说我姐姐'冰'清玉洁，所以更动（冻）人。"

"那你姐姐到底遇到了什么不幸的事情？有什么可以挽救的办法吗？"

"我姐姐都三十多岁了，可还没结婚，都是那个刁云龙搞的。我结婚前，他老缠着我，我结婚后，他又缠上我姐姐，我姐姐最擅长跳维族独舞，刁云龙竟然四处拜师，花了半年时间，学维族手鼓，非给我姐姐做伴奏，据说已经达到专业水平。以前放的话'在我的地界，我看谁敢娶你。'又套到我姐姐头上。弄得谁也不敢接近我姐姐。青春已逝，我姐姐三十多岁至今连个男朋友也没有。你要是真觉得我漂亮，就娶我姐姐吧，我可以给你牵线搭桥。"

秦总一看不妙，话题切不可扯到私情上去，忙拉回来说："我和江总商量，想在春节之前安排最后一次技术交流，题目是：《集中控制下的网络分散系统发展的世界潮流》，具体时间地点由你定，主讲人由我和Simens开发部主任施密特先生。为期一天，参加人员也由你定。你看怎么样？"邬小姐正在兴头上，满口答应："这事听我安排好了，具体应该由我姐姐来主管，她是科技部副部长。你听我的信儿就是了。"

两天后，邬小姐打来电话，说技术交流会已经敲定，四天以后在公司大礼堂举行，由油田总工程师主持，科技部总负责，油田设计院自动化处全体人员，科技部，工程部所有技术人员参加。邬小姐还说，这个周末，姐姐请他们俩去家里吃饭。

11

到周末，邬小姐来接秦刚到姐姐家。还没进门就闻到一股烤羊肉的香味扑鼻而来。邬玛依赞到："姐姐厨艺大涨啊。我跟你讲嘛，要想拴住男人的心，必得先拴住男人的胃。"邬克拉回道："怎么，连烤羊排都封不住你的嘴啊。"秦刚早就听说过新疆美味，莫过于烤羊排了，新疆烤羊排集"中东烤羊排"，"以色列烤羊排"和"法式烤羊排"之大成，做起来很费功夫，整付上好羊排骨，先用特制佐料腌制48小时，中间要不断揉搓，烘烤前，先轻微煎一下，包锡纸慢火烤4小时，再去锡纸慢火烤2小时。别说"佛跳墙"，王母娘娘闻到都要流口水。相传孙悟空皈依佛门，发誓不再食肉，过火焰山时，被一股烤肉奇香引诱，正看到八戒在大把大把往嘴里填东西，厉声问八戒吃的什么，八戒说是误入火焰山的羊群被烤熟，肉都让我吃得差不多了，只剩下几块排骨了，快来一起尝尝鲜，悟空心想，反正师傅也不在，不妨尝尝。一下子吃掉5块烤羊排，心想我在天宫仙界500年，怎么没吃过这么好吃的东西。不但闻（听闻）所未闻，还更是闻（嗅）所未闻。哪怕为此受师傅再严厉责罚，也值得了。师傅来时问道："你们是不是偷吃肉啦？"悟空忙道："对如来发誓，没有，绝对没有。""那哪儿来的满嘴羊膻气？"

克拉小姐先带秦刚参观了一下她的"家"。这个二室一厅的单元房，不像寻常女子的闺房，倒像是书香门第的书房。靠墙是一排嵌入式书架，大部分是技术书籍，英文书籍，其它就是一些艺术类，文学诗词类的书。一个写字台上放着一套台式计算机和一台Laptop，写字台玻璃板下是一张大幅彩色照片，照片上是一个正在跳舞的维族姑娘。秦刚不禁说道："你这张照片拍得真漂亮啊。""这不是我，是我妈妈的照片。"这时，玛依说："你们先谈正事，我来接着做最后准备。"克拉引秦刚坐到餐桌旁，拿出一份打印纸给秦刚说："今天请你来，是想让你看看这个会议通知有什么要修改的。"秦刚看了一遍说："很好，不过把我称为'集中监控下的网络分散控制系统'的泰斗，有些不合适，就改成先驱吧。还有说我曾担任过连续三届IEEE全球自动化年会主席，实际上是两届，另一届只是主讲人。"交谈了一会儿，秦刚又问："有没有人会提出网络远程智能终端设备RST和传统PLC优劣性比较的问题？这个问题很关键。"克拉说："我会安排人专门提出这个问题的。" 说着，烤好的羊排已经端上来。羊排烤得外焦里嫩，味道十足，鲜嫩无比，入口即化。克拉又打开一瓶新疆红葡萄酒。

饭后，三个人闲聊了一会儿，玛依说："我有个同事今天结婚，我得去应酬一下，你们还有正事，就先慢慢聊吧。"说着转身竟向秦刚挤了挤眼。

只剩下两个人了，秦刚放下戒备，盯着克拉的脸看了好一阵，依旧是那张艳若桃花的脸，和那双满含深情的眼睛，在眼睛的深处，看到了那丝忧郁的神情，秦刚突然想起了，在美国家园的院子里，经常会看到一只小鹿，当你拿着一把青草想去喂它时，小鹿的眼睛里就是这样一种神情，即有期待，又有惊恐。克拉的眼睛时不时瞬间扫过秦刚的脸，马上又移向别处，好像在观察他身后的什么东西。

也许只是为了缓和一下气氛，秦刚有话没话地说："你们姐妹长得跟你妈妈也是一模一样。"

克拉回答："我妈妈原来是军区歌舞团舞蹈演员，你一定记得毛主席的一首诗里面说：'万方乐奏有于阗'，指的就是开国大典时，我妈妈在怀仁堂跳的新疆独舞。节目过后，毛主席还上台和我妈妈握手谈话呢。"

"那后来呢？"

"后来，我妈妈和军区郁参谋长谈恋爱了，已到谈婚论嫁的时候，我们族里要求，按照教规，男方必须改信伊斯兰教才能结婚。我爸爸给军区政治部打了不知多少报告，就是不批。最后找到王司令员，我爸爸一定要结婚，并要求复原回山东老家。王司令一拍桌子，"我正发愁这几十万入疆官兵怎么找老婆呢，你倒给我带了个好头，以后每个人都讨个本地老婆就回原籍，我这司令还怎么当，当光杆司令不成？你是信共产党还是信真主，你自己看着办吧！你若是执意不回头，那可别怪我真要拿你当开铡的榜样了。'我爸爸一时冲动，也拍了桌子，毫不犹豫地回答说：'这婚，我是结定了，愿意怎么处分就怎么处分吧！'我爸爸被开除党籍，行政连降8级，撤销一切职务，带着已经怀孕的妈妈，一起被发配到最穷困的沙湾县，后来，克拉玛依发现石油，急需干部，我爸爸才进了克拉玛依石油公司，我和妹妹就是在克拉玛依出生的。真没想到，如今竟落得这样生不如死的地步。"

听着听着，秦刚已经感动得热泪盈眶，情不自禁地一把抓住克拉的手，"真想不到，你还有这么坎坷的经历。"说着，一把把郁小姐揽在怀里："一切都会好起来起的，面包会有的。"直感到克拉的手一阵颤栗，但并没有把手收回去，眼睛也紧盯着秦刚的眼，也许因为喝了一点酒的关系，还是那张艳若桃花的脸，更平添一抹红韵，似灿烂朝霞，如西湖落日，只是，那一层忧郁还是闪烁不定。

技术交流会顺利如期举行，开得很成功。会上，施密特先生发布，Simens公司正在开发新一代的集中控制下的网络分散系统，以及配套的运程网络智能终端RST，以取代旧的分散系统和PLC，这次参与美国CDS联合投标，就是为了取得实践经验，同时，也会给用户最先进的产品和技术支持。会议发言和提问也反映出，这一观点得到大多数与会者的首肯。

12

马上就到春节了，一年就这么一次嘛，江总要回上海一周和家人团聚。张经理也要回西安去探望女朋友。秦刚父母在美国帮他照看女儿，自己暂时还没想好去哪儿。玛依就跟刁总请命说："你好好过你的春节，反正我也是一个人，秦总就交给我啦，我带他去伊利旅游一星期。"刁总正好顺水推舟说："那你可得给我看好哇。"

玛依拉着姐姐跟秦刚说："都听我安排，咱们三个一起去伊利三天，然后回达坂城三天。就这么定啦，谁也不许脱身。"

伊利三天旅游，时间很紧凑。秦刚比较喜欢自然风光，于是主要行程安排在伊利赛里木湖，果子沟大峡谷，那拉提草原。

第一天上午稍事休息，安排伊利市观光，下午游伊利第一景点—赛里木湖。玛依说，她以前来过伊利湖了，这次很想去伊利大清真寺看看，路过喀赞奇民俗村，顺便给妈妈买些正宗伊利蟠桃等珍奇水果带回去。就托克拉带领秦刚游览赛里木湖。

新疆伊利赛里木湖号称是中国"唯二"的最清澈最美丽的湖泊。"唯一"的当然是在西藏了。赛里木湖背靠雪山，湖边是广阔的一望无际的草原，湖水清澈蔚蓝，因风景绝美一直是新疆最著名的几大景点之一。伊利有一种特殊的交通工具，人称"马的"，也就是马拉的旅游观光车。两人并排坐上一辆环湖"马的"，遥望雪山晶莹剔透，近看草原碧波万顷。

天色近晚，下了马车，克拉领着秦刚在湖边一个雅座上坐好，克拉点了一杯橘子汁，秦刚则要了一杯咖啡。望着远处灯火嶙峋，湖面上升起一轮明月，秦刚像忽然想起什么，从钱包里掏出一只耳环，递给克拉说："接风宴会那晚，我在枕边发现一只耳环，也不知是谁的？我总不能糊里糊涂带走哇，能不能帮我找到失主？"邬小姐接过仔细端详了一阵，从容不迫地也从随身挎包里拿出一只一模一样的耳环，正好是一对。克拉看着秦刚惊呆得合不拢的嘴，慢慢说："那晚，是玛依送你回去的，她回来打电话给我说：你醉得不醒人事，吐得一塌糊涂，她说怕你夜里出意外，她陪着又不大方便，所以一定要我去陪着你。我一进门，只见你滚落床下，到处是呕吐的污秽，只好帮你把被褥等换过一遍，又帮你洗去污秽，换去脏衣裤，总算拖到床上安顿好。哪知你拉住我不放，哭喊着救命，想你大概是做了噩梦，怕你出什么状况，只好任你抱住静卧片刻，待你安静下来再做打算。却不知你梦中双手紧拉着我，不让我走，还接连喊救命。衣服裤子全都被大汗湿透，我刚帮你退下湿透的衣裤，还没来得及换上新的，就被你一把按倒在床上，把我压在身下，嘴里还不停说道："我一定要娶你，警幻仙姑说我们是前世因缘。"我挣脱不开，知道只是你梦中说的胡话，但我相信是真话，索性由你去吧。待天色微明，见你已经熟睡，就起身帮你穿好衣裤，悄悄离去，回到家里才发现丢了一只耳环。"

秦刚霍地站起身来，双手拉起郭小姐，紧盯着郭小姐的眼睛，只见还是那一抹忧郁。自己却早已面红耳赤，手足无措，恨不得一头栽到湖里。不禁问道："即已如此，那你为什么还老是躲着我呢？"

郭小姐挣开秦刚，坐回座椅幽幽地说："你是天空的雄鹰，迟早是要远走高飞的。我也不知道什么时候，能有什么办法才可以逃离虎口，只要刁云龙在，我就不可能办出护照，没有护照，我哪儿也去不了。而且，而且……妾已失身与那老贼……"

原来，几年前，在一次庆功宴中，有人在克拉的酒里下了迷药，待第二天醒来发现自己赤裸躺在西宫床上。以后刁总又多次威逼克拉到天宫去陪夜，还威胁说："反正已经把你睡过，睡一次也是睡，睡十次也是睡，如果不从，就把你的裸照发到网上，让你永世不得作人。"还把裸照发到她的手机以示警告。

克拉幽幽地说："妾身已被那老贼玷污，无颜以正室事君。"

秦刚说："现在已经是二十世纪了，只要我们真心相爱，我不在乎这些。"

"但是我在乎。有了那一夜陪伴你度过，知你心中有我，也死而无憾了，不在天长地久，只要曾经拥有。"

忽听得有人在湖面上弹起热瓦甫，一听弹的是非常熟悉的歌曲"冰山雪莲"，秦刚索性跟着唱起来：

"戈壁滩上的一股清泉

冰山上的一朵雪莲

风暴不会永远不住

啊——什么时候啊，才能看到你的笑脸"

邬克拉小姐一直紧盯着秦刚的眼睛在看，秦刚也趁着歌曲的过门间隙，给她一个鼓励的眼色。邬小姐跟着唱道：

"乌云笼罩着冰山

风暴横扫戈壁滩

欢乐被压在冰山下

啊——我的眼泪呀，能冲平了萨里尔高原"

秦刚又唱道：

"眼泪会使玉石更白

痛苦使人意志更坚

友谊能解除你的痛苦

啊——我的歌声啊，能洗去你的心中愁烦"

此刻，邬小姐已是泪流满面，紧接着唱道：

"你的友情像白云一样深远

你的关怀像透明的冰山

171

我是戈壁滩上的流沙

啊——任凭风暴啊，把我带到地角天边"

歌毕，秦刚突然站起身来，一下子把邬小姐的手拉起来，大吼一句："走——跟我走天涯！"

13

达坂城以面临博格达雪山和美丽的湿地享誉天山南北。天气晴朗时，以博格达为首的雪山历历在目，你可以看见雪山巍峨晶莹祥云飘渺变幻，沿达坂城往山里进发可以欣赏黑沟达坂的万年冰川，或者走近博格达山峰看看它雄伟的身姿。天山的深处孕育着生命之水，许多河水和溪流从深山里蜿蜒流出滋润着新疆广阔的土地，而达坂城的湿地就是由博格达周围的雪山孕育而成。

回到故乡，邬小姐的妈妈说早已给秦先生在达坂西沟度假村订好了房间。两姐妹好不容易回趟家，必须跟妈妈一起住在家里。

回家第二天，邬玛依小姐趁旅游间隙，询问秦刚进展如何，秦刚以实相告，并提到"裸照"一事。邬小姐沉吟片刻，未发一语。

待到第三天，邬玛依小姐趁着送水果的机会，来拜访秦刚，告诉他"裸照"真相。原来，邬玛依为搭救姐姐，曾和刁云龙谈判过答应陪他一晚，条件是以后不许再纠缠她姐姐。刁总满口答应。哪知事后，刁云龙哪个也不肯放过，扬言："真主允许我娶4个老婆，我要你们两个也不为过吧。"至于"裸照"，是偷拍玛依的，却被用来敲诈她姐姐，玛依说她仔细查看了那张发给克拉的裸照，根本不是在西宫拍的，背景完全是在天宫，因为西宫的墙面全部是桔黄色调，而天宫是金黄色调，完全不一样。

离家前一天晚上，村民们都说还没有见过美国人，就聚在谷场上为客人送行，众人席地而坐，烹羊宰牛，美酒佳肴，哈密瓜，葡萄，蟠桃等珍奇异果，摆满一地，维族男女老少，个个能歌善舞。邬克拉也表演了那个著名的维族独舞——《达坂城的姑娘》，秦刚则为她伴唱，歌中唱道：

"达坂城的石路硬又平啊

西瓜大又甜呀

达坂城的姑娘辫子长啊

两个眼睛真漂亮

你要是嫁人

不要嫁给别人

一定要嫁给我

带着你的嫁妆

领着你的妹妹

赶着那马车来。"

秦刚还得意地对克拉说："你看，你看，还要'领着你的妹妹'。我总弄不明白：为什么要'领着妹妹'？"

克拉回答说："新疆根本没有这种习俗。当初，西部歌王王洛宾听到这首维族民歌，美妙的旋律一下子就把他给吸引住了，非要让赶车的车夫，马上给他解说一下歌词，就给翻译成这样子了，真正的意思根本不是'领着你的妹妹'，应该是'领着你的伴娘'。"

不想，秦刚却坚持道："这次，你可是一定要'领着你的妹妹'啦。"

克拉还是一头雾水，但也没有细问。

14

正月初八以后的几天，秦刚和江总、张经理一起，最后审阅了一遍投标文件，标书其实早就做好了，只是根据新情况，稍作修改。最后，只剩填上最终报价，把开标信函封好，如期交付就完事了。最终报价很关键，过高过低都不利,从来都是投标中最棘手的决策。特别是要比竞争对手Honeyell的报价要低，低个3-5%是最理想的，如果是很强劲的对手，要争取低8-10%。根据克拉玛依石油公司的预算和标底，工程造价350万美元，320万左右应该是比较合理的报价。

截标前一晚，秦刚决定给Dick打个电话，又想起邬小姐的忠告，心想：何不来个将计就计，于是来到湖边掏出手机拨通Dick电话，商量决定最终报价325万。

开标那天，开标仪式15分钟就结束了。Honeyell报价318万美元，CDS为298万美元，整整比对手低了20万，很理想。秦刚心想：打给Dick的电话一定是被窃听了，才有如此理想报价结果。

接下来几天，评标小组对双方投标书按系统硬件，系统软件，工程经验，质量保证，工程服务，系统价格等十项进行逐项评分，最后总分出来了，由总工程师代表评标小组，签署评标结果：CDS以87比79力压Honeyell。眼看就胜券在握了，哪知，设计院又提出质疑，说CDS公司还没有过在中国的成功工程实例，为保险起见，提出由CDS和Honeyell联合承包该项目。刁总也力主两个公司联合承包。那个尤浩之更是上窜下跳，鼓吹联合，一时搞得乌烟瘴气。为了不至前功尽弃，经过几番讨价还价，考虑到"小不忍则乱大谋"，最后秦刚决定做出让步：同意由CDS公司总包，承担主系统和网络系统部分，由Honeyvell分包各分站系统，采用Honeyvell的PLC做终端。刁总同意把合同总价提高到312万美元，CDS部分为210万，Honeyvell分包额102万。秦刚是搞技术出身的，深知个中风险，一个系统若采用两种以上公司的产品，最容易出问题扯皮的就是双方接口，于是毫不退让地坚持，在Honeyell的分包合同中写明：在系统联调之前，Honeyvell必须完成PLC的两项再开发：一，网络通信协议的开发，使之符合CDS通信文本要求，二，PLC的数字信号时间精度要达到CDS系统0.1毫秒的要求，如有任何一项达不到要求，Honeyvell按合同违约条款，赔偿业主和总包商分包额各20%的罚款。那个起死回生，得意忘形的尤浩之满口答应。

在签字仪式上，刁总举杯对秦刚说道："且慢，按我的规矩，要能让我签字信得过，就得要能征服我的酒量。来，这里有三瓶王胡子送给我的伊利特酿，一瓶刚好倒满两个玻璃杯，咱们俩一人一口干一杯，三瓶干完为止，你若倒在我面前，就别想让我签字。"秦刚道："咱们一言为定，我若三杯不倒，你就立刻给我签字。"刁总一拍桌子："军中无戏言。"秦刚也桌子一拍回道："愿纳军令状。"那个尤浩之又跳出来："我来做裁判。"只见一女子闪过："尤总可是相关之人，也不避个嫌？还是我来吧。"原来是邬小姐。邬小姐道："秦总夺标胜出，我还没表示祝贺呐。先喝我敬的这一杯酒吧。"说着把手中的一小杯酒递到秦总面前。

秦总眼睛盯着邬小姐，还是那张艳若桃花的脸和饱含深情的眼睛，闪过眼底深处的一丝忧郁，却又加上了鼓励，原来是邬克拉小姐。随又被芭兰沁肺清馨缭绕。不由得精神一振，拿起酒杯，只闻得一股酸甜，一口吞下，顿觉神清气爽，心明眼亮，精神抖擞，待要问个究竟，邬小姐已经打开一瓶伊利特酿，刚好倒满两个五吋高的玻璃杯。秦总拿起一杯，和刁总轻轻一碰道："刁总先请。"只听鼓声雨点般响起。鼓声未落，刁总已经一饮而尽。

秦刚这辈子还没有用这么大的杯子一口干过白酒，心中不免有些打鼓，但是无论如何，军令状都下了，开弓哪有回头箭，绝不能示弱，待鼓声再起，屏住呼吸，跟着鼓点，只一口气一饮而尽，然后把杯子倒过来示众。秦总还没回过味儿来，第二瓶酒已经倒满，如此这般，连干三杯。三杯饮毕，秦总也奇怪，自己哪儿来的酒量，并不觉得天旋地转，于是对刁总说"要不要再干两杯？"刁总已经舌头发直，连连摆手，"可惜没有了，我也只有这三瓶珍品。"

15

合同签完，秦刚要回美国了。又是玛依自告奋勇去送秦总，临时却又借故要克拉代她去送。

在机场，两人先聊了一会儿闲话。秦刚突然问说："我一直想问你：签字仪式那天，你给我喝的是什么酒哇？"

克拉回答说："那是我妈妈自己酿制的《八珍香梨酒》，是用达坂香梨为主料，辅以新疆酸角，黑加仑子，番石榴等八种奇珍异果酿制而成的，实际上它不是酒，只能算一种水果醋一类的保健饮料。后来我发现，它具有奇特的解酒功能。那天刁总给你喝的《伊利特酿》，俗称'一杯倒'，这种酒的酒劲特别大，而且是直冲头顶，一杯下去，再大的酒量，也会立刻意识模糊，躺到在地。我猜刁总是有备而来，你又不知深浅，毫无准备，别说三杯，一杯下去就会躺倒，岂不前功尽弃？所以才急中生智，给你献上一杯《八珍香梨酒》垫底。"秦总听罢，激动不已，拉起克拉双手，说："那我真得要好好感谢你了。"说着就把克拉一把拉进怀里，正欲给她一吻，却被克拉挣脱推开。秦总抓着不放，紧盯着那张艳若桃花的脸和忧郁的眼睛，突然想起什么，赶紧从随身提包里取出那个锦囊，打开一看，里面只有一张纸，上面写着："假做真时真亦假　无为有处有还无"。秦刚顿时醒悟过来，对，就这么办。兴奋地一把又抱起克拉说："这下我可有办法娶你了！"

16

8个月以后，克——乌项目系统联调和出厂测试，在CDS总部举行。Honeyvell项目经理和尤浩之带着他们开发的PLC一起来了。经反复测试，Honeyvell的PLC通信协议开发满足CDS系统要求，但是由于受原PLC系统硬件设计的限制，数字量时间精度只能达到1毫秒，怎么也达不到0.1毫秒。Honeyvell项目经理不得不在测试报告上签字认可，尤浩之也不得不在违约书上签了字。

经过再次与克拉玛依石油公司协商，在尤浩之赔款之后，克拉玛依方面同意，采用CDS的RST取代PLC，继续CDS合同的执行。下面的问题就简单了，都是现成的。

两年以后，克——乌输油管道自动化监控工程项目按期完成现场系统验收。

又过了两个月，在西雅图国际机场海关入境处，海关人员拿着一个维族女士的美国护照，又仔细对着女士的脸，看了一阵，问道："Have you visited any other country in this trip?"(这次旅行您还去过别的国家吗？)，女士回答："No, There is no any other country entry record except China in my passport."（没有，我的护照上除了中国，没有任何其它国家的入境记录。）"OK, Welcome back to US"(好的，欢迎回到美国。)"啪"的一声盖上入境章，"Next，please"（下一位。）。

几天后，邬玛依小姐和刁云鹏在离婚协议上签了字。

又过几个月，刁云鹏和一个与他前妻长得一模一样，名叫邬克拉的维族女士的婚礼，在休斯敦举行。几乎同时，秦刚和邬玛依的结婚仪式也在波士顿举行。只是秦刚一再叮嘱新娘："别忘了，以后你的名字可是叫邬玛依。"

（全文完）

最后再次声明：本书所有文章所涉及的人物和故事，除了注明是亲身经历之外，（包括某些亲身经历故事的细节）均属虚构和改编，如有雷同，纯属偶然，请勿对号入座，自寻烦恼。至于文中所涉及到的其他任何大小著名人物或事件，除了特别注明出处者外，均来自公开发行的供大众共享的百科全书或网络文献资源，如果有人认为任何人物，事件或图片可能涉及"侵权"，绝非作者有意而为，敬请立刻与原作者（或者通过出版社联系原作者）联系，以便尽快采取措施更正，并消除影响。

www.ingramcontent.com/pod-product-compliance
Lightning Source LLC
Chambersburg PA
CBHW020614120726
47905CB00003B/793